T0098897

LA RAISON DES NORMES
ESSAI SUR KANT

DANS LA MÊME COLLECTION

BARBARAS R., *La perception. Essai sur le sensible*, 120 pages, 2009.

BENOIST J., *Éléments de philosophie réaliste*, 180 pages, 2011.

BINOCHE B., *Opinion privée, religion publique*, 240 pages, 2011.

CHAUVIER S., *Éthique sans visage*, 240 pages, 2013.

GODDARD J.-Ch., *Violence et subjectivité. Derrida, Deleuze, Maldiney*, 180 pages, 2008.

LAUGIER S., *Wittgenstein. Les sens de l'usage*, 360 pages, 2009.

POUIVET R., *Après Wittgenstein, saint Thomas ?*, 180 pages, 2014.

MOMENTS PHILOSOPHIQUES

Jean-François KERVÉGAN

LA RAISON DES NORMES

Essai sur Kant

PARIS
LIBRAIRIE PHILOSOPHIQUE J. VRIN
6, place de la Sorbonne, V^e
2015

© *Librairie Philosophique J. VRIN*, 2015
Imprimé en France

ISSN 1968-1178
ISBN 978-2-7116-2591-8

www.vrin.fr

ABRÉVIATIONS

Prolegomena	*Prolegomena zu einer jeden künftigen Metaphysik, die als Wissenschaft wird auftreten können*
Rezensionen zu Herder	*Rezensionen zu J.G. Herders Ideen zur Philosophie der Geschichte der Menschheit*
Religion	*Die Religion innerhalb der Grenzen der blossen Vernunft*
Über den Gebrauch	*Über den Gebrauch teleologischer Prinzipien in der Philosophie*
Über ein vermeintes Recht	*Über ein vermeintes Recht, aus Menschenliebe zu lügen*
Anthropologie fr	*Anthropologie du point de vue pragmatique*
CJ	*Critique de la faculté de juger*
CRp	*Critique de la raison pure*
CRprat	*Critique de la raison pratique*
Conjectures	*Conjectures sur les débuts de l'histoire humaine*
Compte-rendu de Herder	*Compte-rendu de l'ouvrage de Herder : « Idées en vue d'une philosophie de l'histoire de l'humanité ».*
Droit de mentir	*Sur un prétendu droit de mentir par humanité*
Fondation	*Fondation de la métaphysique des mœurs*
Idée :	*Idée d'une histoire universelle au point de vue cosmopolitique*
MM 1 ou 2	*Métaphysique des Mœurs* (trad. Renaut), t. 1 ou 2
Mœurs	*Métaphysique des Mœurs*
Droit	*Premiers principes métaphysiques de la doctrine du droit*
Vertu	*Premiers principes métaphysiques de la doctrine de la vertu*
OP	*Œuvres philosophiques* (Gallimard)
Opuscules	*Opuscules sur l'histoire*

Paix	*Vers la paix perpétuelle*
Première Introduction	*Première Introduction à la Critique de la Faculté de Juger*
Premiers principes	*Premiers principes métaphysiques de la science de la nature*
Prolégomènes	*Prolégomènes à toute métaphysique future qui pourra se présenter comme science*
Religion fr	*La religion dans les limites de la simple raison*
Sur l'emploi	*Sur l'emploi des principes téléologiques en philosophie*
Théorie et pratique	*Sur l'expression courante : Il se peut que ce soit juste en théorie, mais en pratique cela ne vaut rien*

Si j'ai un livre qui me tient lieu d'entendement, un directeur qui me tient lieu de conscience, un médecin qui juge de mon régime à ma place, etc., je n'ai pas besoin de me fatiguer moi-même. Je n'ai pas besoin de penser, pourvu que je puisse payer ; d'autres se chargeront pour moi de cette besogne fastidieuse.

Kant, *Réponse à la question : Qu'est-ce que les Lumières ?*

La liberté de penser signifie que la raison ne se soumet à aucune autre loi qu'à celle qu'elle se donne à elle-même.

Kant, *Qu'est-ce que s'orienter dans la pensée ?*

AVERTISSEMENT

Dans les pages qui suivent, j'ai fait le choix de me référer aux textes de Kant plutôt qu'aux commentaires, sauf exception. Mais il va de soi que ma dette à l'égard de celles et ceux qui ont exploré les arcanes de la pensée kantienne est considérable. Les traductions que j'ai choisi d'utiliser ont été souvent amendées ; je n'ai pas jugé opportun de le souligner.

Des versions antérieures des chapitres deux et trois de ce livre sont parues dans J.-F. Kervégan (dir.), *Droit, politique et cosmopolitique. Raison pratique et normativité chez Kant*, ENS Editions, 2010, p. 89-109, et dans M. Foessel et P. Osmo (dir.), *Lectures de Kant*, Paris, Ellipses, 2010, p. 235-251. Elles ont été fortement remaniées et augmentées pour la présente publication.

CONSIDÉRATIONS INITIALES
LES MAINS DE KANT

Le kantisme a les mains pures,
mais il n'a pas de mains [1].

L'opposition entre théories déontologiques et théories conséquentialistes (on y ajoute parfois un troisième type de théorie morale, l'éthique des vertus) est aujourd'hui un *topos* de la littérature méta-normative, même si nombre de philosophes contemporains s'efforcent d'atténuer cette opposition et de dégager une voie moyenne ou hybride entre le conséquentialisme (qui, même dans la variante que constitue le *rule-utilitarianism*, est toujours en quelque façon « *act-centred* ») et le déontologisme, qui est, suivant la terminologie de Samuel Scheffler, « *agent-centred* »[2] ; on parle aussi d'une perspective « relative à l'agent » et d'une perspective « neutre quant à l'agent »[3]. Quoi qu'il en soit, partisans et adversaires de la position déontologique s'accordent à faire de Kant son représentant caractéristique, de même qu'il s'accordent à

1. C. Péguy, *Victor-Marie, comte Hugo*, dans *Œuvres en prose complètes*, t. 3, Paris, Gallimard, 1992, p. 331.
2. S. Scheffler, *The Rejection of Consequentialism*, 2ᵉ éd., Oxford University Press, 2003.
3. T. Nagel, *Le point de vue de nulle part*, Paris, Éditions de l'éclat, 1993, p. 197 *sq*.

percevoir dans sa philosophie pratique des traits typiquement anti-utilitaristes, donc anti-conséquentialistes[1]. Avec quelque raison, semble-t-il : Kant ne fait-il pas de la notion d'obligation (*Pflicht*) le centre de sa philosophie morale ? Ne critique-t-il pas expressément l'accent exclusif mis sur le « souci des conséquences », en soulignant que « il est tout différent d'être véridique (*wahrhaft*) par obligation et de l'être par souci des conséquences désavantageuses » ; en effet, explique-t-il, « dans le premier cas, le concept de l'action contient déjà en lui-même une loi pour moi, alors que dans le second il faudrait avant tout considérer quels effets pour moi pourraient bien se trouver associés à cette action »[2]. Les conséquences désastreuses que peut avoir cette « orientation fondamentale, exclusivement déontologique » s'aperçoivent dans les « thèses déplaisantes »[3] formulées, en réponse à Benjamin Constant, dans le petit texte que Kant publie en 1797, *Sur un prétendu droit de mentir par humanité*. Et elles sont poussées jusqu'à l'absurde lorsque Kant fait sienne « la proposition quelque peu emphatique, mais vraie » : *fiat justitia, pereat mundus* (que la justice soit, le monde dût-il en périr)[4].

Revenons rapidement sur la polémique avec Constant, car elle illustre exemplairement, semble-t-il, le débat entre position déontologique et position conséquentialiste. Au chapitre VIII (« Des principes ») de sa brochure *Des réactions politiques*, Constant critique « un philosophe allemand » (il s'agit bien sûr de Kant) pour avoir tiré des conséquences absurdes du « principe moral que dire la vérité est un devoir » ;

1. W. Kersting, *Wohlgeordnete Freiheit. Immanuel Kants Rechts- und Staatsphilosophie*, Berlin, De Gruyter, 1984, p. 4.

2. Kant, *Grundlegung*, AA IV, p. 402 ; *Fondation*, dans *MM* 1, p. 72.

3. C. Larmore, *Modernité et morale*, Paris, P.U.F., 1993, p. 115.

4. Kant, *Frieden*, AA VIII, p. 378 ; *Paix*, p. 151.

en le prenant « d'une manière absolue et isolée », il aboutit en effet à des conséquences qui pourraient rendre « toute société impossible ». Et il fustige Kant « qui va jusqu'à prétendre qu'envers des assassins qui vous demanderaient si votre ami qu'ils poursuivent n'est pas réfugié dans votre maison, le mensonge serait un crime »[1]. Constant ne conteste aucunement que la morale, « science beaucoup plus approfondie que la politique », requière des principes, des principes qui sont, ajoute-t-il de manière assez kantienne, « abstraits », « universels », « absolus »[2]. Mais il se sépare de Kant en affirmant que le principe moral, qui est « le résultat d'un certain nombre de faits particuliers », « n'est général que d'une manière relative et non d'une manière absolue »[3] ; il est donc besoin de « principes intermédiaires » ou « secondaires » définissant les conditions d'application des principes généraux qui, pris en eux-mêmes, sont « sans liaison directe avec nos intérêts, et en opposition avec les préjugés qui protégeaient ces intérêts »[4]. Dans le cas du principe de véracité (« il ne faut pas mentir »), le principe intermédiaire pourrait se formuler ainsi :

> Dire la vérité n'est un devoir qu'envers ceux qui ont droit à la vérité. Or nul homme n'a droit à la vérité qui nuit à autrui[5].

Constant ne nie donc pas que la morale doive se fonder sur quelque chose comme des impératifs (conditionnels, il est vrai) ; mais il juge nécessaire d'en tempérer la rigueur grâce à des critères d'applicabilité faisant la part des circonstances et

---

1. B. Constant, *Des réactions politiques*, dans *De la force du gouvernement actuel de la France et des nécessités de s'y rallier* et autres textes, Paris, Champs-Flammarion, 1988, p. 136.

2. *Ibid.*, p. 135.

3. *Ibid.*, p. 134.

4. *Ibid.*, p. 136.

5. B. Constant, *Des réactions politiques*, *op. cit.*, p. 137.

permettant de peser les conséquences de cette application dans un contexte déterminé. Pas question de « rejeter le principe », mais « examinons de près les conséquences »[1]… En termes actuels, on dira donc que Constant défend une conception « hybride », dans laquelle l'absoluité présumée des principes déontologiques est modulée par le souci des conséquences non seulement morales, mais aussi sociales et politiques, de leur application.

La réponse, très ferme, de Kant à Constant est instructive, en ce qui concerne à la fois sa conception de la morale et sa conception du rapport entre droit et morale (en fait, il vaudrait mieux dire éthique ; le chapitre trois reviendra sur cette question). Elle montre aussi, et c'est le point qui m'intéresse ici au premier chef, que Kant, en dépit de son déontologisme affiché, n'est aucunement indifférent aux conséquences de l'application (politique, sociale) des principes normatifs (juridiques et éthiques). Il se débarrasse d'abord du principe intermédiaire, tel que le formule Constant, en notant que « l'expression : avoir droit à la vérité, est dépourvue de sens », car elle revient à faire dépendre la vérité d'une proposition de mon assentiment volontaire, « ce qui donnerait une singulière logique » ; tout au plus admet-il que « l'homme a droit à sa propre *véracité*, c'est-à-dire à la vérité subjective dans sa propre personne »[2]. Habermas s'en souviendra, lorsqu'il fera de la véracité (ou de la sincérité) un des quatre critères de la réussite des actes de parole envisagés du point de vue d'une théorie de l'agir communicationnel[3].

---

1. B. Constant, *Des réactions politiques*, *op. cit.*, p. 137-138.

2. Kant, *Über ein vermeintes Recht*, *AA* VIII, p. 426 ; *Droit de mentir*, p. 67-68.

3. Voir notamment J. Habermas, *Théorie de l'agir communicationnel*, t. 1, Paris, Fayard, 1987, p. 112-118 et 335-345 ; *Vérité et justification*, chap. 2, Paris, Gallimard, 2001, p. 43-77.

Mais, sur le fond, la réponse tient essentiellement en deux points. Tout d'abord, Kant soutient que sa position n'implique aucune indifférence quant aux conséquences de l'observance du principe de véracité, qui est à ses yeux un « commandement sacré, absolument impératif de la raison »[1]. Il renverse même la charge de la preuve en indiquant que celui qui l'enfreint en mentant par humanité est « juridiquement responsable de toutes les conséquences imprévues qui pourraient en découler »[2]. Il illustre alors son propos sur un mode casuistique. Supposons que je mente aux malfaiteurs qui me demandent si leur victime s'est réfugiée chez moi. Ils vont alors, s'ils me croient, poursuivre leur traque à l'extérieur ; mais si entretemps la victime, craignant d'être découverte, s'est enfuie par une fenêtre de mon domicile, elle risque de se trouver nez à nez avec eux ; mon mensonge aura donc eu pour effet de la faire tomber entre les mains des méchants, et cette « conséquence imprévue » m'est à charge… En revanche, « si tu t'en es tenu à la vérité, la justice publique ne peut s'en prendre à toi, quelles que puissent être les conséquences imprévues qui s'ensuivent »[3], car c'est seulement par accident que ma déclaration peut nuire, et en ce sens le dommage causé « n'est pas un acte libre (au sens juridique) » : ce n'est pas un acte prémédité[4]. On peut imaginer un autre exemple : le médecin qui cache à son patient qu'il est atteint d'une affection incurable sera responsable de sa mort si, apprenant d'un tiers la gravité de son état, celui-ci met fin à ses jours ; en revanche, si le médecin a informé le patient de la situation avec toutes les précautions nécessaires, et si le patient se suicide pour abréger ses

---

1. Kant, *Über ein vermeintes Recht*, *AA* VIII, p. 427 ; *Droit de mentir*, p. 69.
2. *Ibid.*
3. Kant, *Über ein vermeintes Recht*, *AA* VIII, p. 427 ; *Droit de mentir*, p. 69.
4. Kant, *Über ein vermeintes Recht*, *AA* VIII, p. 428 ; *Droit de mentir*, p. 71.

souffrances, il n'en portera pas la responsabilité, car éclairer le malade sur son état était de son devoir. Autrement dit, le raisonnement de Kant est le suivant : je suis *toujours* responsable des conséquences prévisibles de mon action, qu'il faut donc nécessairement prendre en considération ; mais, en ce qui concerne les conséquences imprévues ou fortuites, elles me sont imputables lorsque je viole sciemment un principe « absolument impératif », mais ne le sont pas si je le respecte. On a donc bien affaire, comme chez Constant, à une position mixte ou hybride, puisque Kant distingue entre conséquences prévisibles et imprévisibles et juge que les secondes ne doivent être prises en considération que lorsque l'action ou sa maxime enfreint la loi morale. Cette position, qu'on peut qualifier de déontologisme affaibli, paraît à première vue incohérente : pourquoi les conséquences imprévues me sont-elles imputables lorsque je mens et ne le sont-elles pas lorsque je dis la vérité ?

La réponse à cette question, et c'est le deuxième élément de la riposte, consiste à déplacer la discussion du terrain moral ou éthique vers celui du droit. En effet, avant d'être un principe éthique (ce qu'il est aussi par ailleurs), le principe de véracité est un principe fondamental du *droit* car, comme l'avait déjà souligné Hume, la possibilité même de transactions juridiques en dépend [1]. Kant déclare pour sa part :

> La véracité est une obligation qui doit être considérée comme la base de toutes les obligations qui sont à fonder sur un contrat [...]. C'est donc un commandement de la raison qui est sacré,

---

[1]. Voir Hume, *A Treatise of Human Nature*, III, 5 ; *Traité de la nature humaine*, livre III, section 5 : « De l'obligation des promesses », Paris, GF-Flammarion 1999, p. 121 *sq.*

absolument impératif, qui ne peut être restreint par aucune convenance[1].

En effet, si je m'engage à une certaine prestation en ajoutant mentalement la réserve que je ne remplirai cet engagement que si cela me convient, alors aucun contrat n'est plus possible, car tout contrat présuppose *objectivement* (ce n'est pas une question psychologique, mais juridique) la *bona fides* des contractants. Par conséquent, s'agissant du « prétendu droit de mentir », « c'est d'un devoir de droit qu'il est question »[2]. La *Métaphysique des Mœurs* sera encore plus nette : « ce n'est pas dans l'éthique, mais dans le *Jus* que s'inscrit la législation selon laquelle des promesses consenties doivent être tenues »[3]. *Mutatis mutandis*, l'argument de Kant sur le droit de mentir est le suivant : il est impossible d'apporter la moindre restriction au principe de véracité, car la possibilité même d'un commerce juridique, donc d'une société organisée, en dépend. Par conséquent, du point de vue – il est principiel – d'une « métaphysique du droit », aucune infraction à cette règle n'est acceptable, quelle que soit sa justification (et, comme le dira Hegel, nous pourrons toujours quand cela nous convient trouver une « bonne raison » d'enfreindre le droit... et la morale[4]) ; elle est inacceptable précisément parce qu'une telle métaphysique (on verra plus loin ce que ce terme signifie

---

1. Kant, *Über ein vermeintes Recht*, AA VIII, p. 427 ; *Droit de mentir*, p. 69-70.

2. *Über ein vermeintes Recht*, AA VIII, p. 426 ; *Droit de mentir*, p. 68.

3. Kant, *MdS*, Einleitung, *AA* VI, p. 220 ; *Mœurs*, Introduction, *MM* 1, p. 170.

4. Voir Hegel, *Grundlinien der Philosophie des Rechts* [*Grundlinien*], § 140 Anm., *Werke* 7, Suhrkamp, 1970, p. 268 ; *Principes de la philosophie du droit* [*PPD*], Paris, P.U.F., 2013, p. 299.

exactement) « fait abstraction de toutes les conditions
d'expérience » [1].

Est-ce à dire qu'il y a lieu d'être indifférent aux conséquences ? Non, et tout d'abord parce que l'acteur est toujours
responsable des conséquences prévisibles de son acte et en est
juridiquement comptable. S'agissant ensuite des conséquences imprévues ou fortuites, Kant ne prétend pas qu'elles sont
indifférentes. Mais il soutient, et ici sa position est proche de
celle de Constant, que la prise en compte des effets secondaires
ou des dégâts collatéraux, comme on voudra, s'opère moins
sur le terrain du droit que sur celui de la politique entendue
de façon large. Les « principes intermédiaires » de Constant
sont en réalité des instruments de modulation « politique » du
droit strict, ce sont des *policies* et non des *principles*, comme
dirait Dworkin [2]. Mais ces instruments, qui ont leur nécessité et
leur sphère de validité, sont nécessairement subordonnés aux
principes juridiques universels dont ils modulent l'application,
et qui jouissent de ce fait d'une priorité lexicale au sens rawl-
sien du terme : « le droit ne doit jamais se régler sur la politique,
mais c'est bien la politique qui doit toujours se régler sur le
droit » [3]. La raison normative, qui détermine les principes du
droit aussi bien que de l'éthique, n'est pas indifférente aux
conséquences, sans pour autant se régler sur elles ; et il revient
à l'entendement politique – la politique étant elle-même entendue comme une doctrine du droit appliquée – de déterminer les
modalités de leur prise en considération.

On pourrait estimer, toutefois, que la formule *fiat justitia,
pereat mundus*, une formule que Hegel, conséquentialiste

---

1. Kant, *Über ein vermeintes Recht, AA* VIII, p. 429 ; *Droit de mentir*, p. 71.
2. Voir R. Dworkin, *Prendre les droits au sérieux*, Paris, P.U.F., 1995,
p. 79 *sq.*
3. Kant, *Über ein vermeintes Recht, AA* VIII, p. 429 ; *Droit de mentir*, p. 72.

convaincu, détournera ironiquement dans *La Constitution
de l'Allemagne*[1], résiste à cette interprétation déflationniste
du « déontologisme » kantien. Pourtant, l'interprétation et le
commentaire qu'en propose Kant ne me paraît pas de nature
à la réviser. Il « traduit » d'abord l'adage latin de la manière
suivante : « Que la justice règne, dussent périr tous les scélérats
que renferme le monde »[2]. Les conséquences du principe, en
tout cas certaines conséquences *souhaitables*, sont donc bel et
bien prises en considération ; et Kant insiste quelques lignes
plus bas sur le sens de cette prise en compte : « le monde ne
périra point parce qu'il y aura moins de méchants »[3]. Le
commentaire qu'il propose de la formule « emphatique, mais
vraie » va dans le même sens :

> Cette proposition ne veut rien dire d'autre sinon que les
> maximes politiques ne doivent pas se fonder sur le bien-être et
> le bonheur que chaque Etat peut attendre de leur observation, et
> par conséquent sur l'objet que chacun peut avoir pour fin (sur le
> vouloir), en tant que principe suprême (mais empirique) de la
> sagesse politique, mais sur la pure idée de l'obligation juridique
> (du devoir, dont le principe est donné *a priori* par la raison
> pure), quelles qu'en puissent être par ailleurs les conséquences
> physiques[4].

Ce commentaire montre en quel sens Kant interprète la
maxime *fiat justitia, pereat mundus* : elle signifie pour lui
l'exigence d'une subordination absolue de la politique au
droit, des règles prudentielles que met en œuvre la première (la

1. Il la transforme en « *fiat justitia, pereat Germania* ! » : voir Hegel, *Die
Verfassung Deutschlands, Werke* 1, p. 469 ; *La Constitution de l'Allemagne*,
dans *Écrits politiques*, Champ Libre, 1977, p. 40.

2. Kant, *Frieden, AA* VIII, p. 378 ; *Paix*, p. 151.

3. Kant, *Frieden, AA* VIII, p. 379 ; *Paix*, p. 151.

4. Kant, *Frieden, AA* VIII, p. 379 ; *Paix*, p. 151.

« sagesse politique ») aux principes purement rationnels du second ; la *Métaphysique des Mœurs* fournira une justification élaborée de cette nécessaire juridification de la politique dont la constitution républicaine (ici : « une constitution intérieure fondée sur de purs principes du droit ») et la formation d'un ordre international équitable sont les pièces essentielles. Quant aux conséquences des choix politiques, elles sont bel et bien prises en compte, puisque Kant se dit convaincu que la mise en œuvre d'une politique du droit (ce qui veut dire aussi : une politique qui privilégie le respect des droits plutôt que la satisfaction d'intérêts particuliers) aura pour effet une réduction des actions nuisibles ; autrement dit, à supposer même que la balance des conséquences *physiques* d'une politique du droit s'avère négative et qu'elle ne satisfasse pas au principe benthamien du plus grand bonheur pour le plus grand nombre, les conséquences *morales* en seront de toute manière positives : « il y aura moins de méchants »… Il apparaît donc que, contrairement à la lecture la plus répandue, la philosophie normative de Kant est non pas un déontologisme strict, mais comme je l'ai avancé un déontologisme affaibli, prenant en considération les effets de la mise en œuvre des normes (juridiques) et les mettant systématiquement en balance (conséquences prévisibles *vs.* imprévisibles ; conséquences physiques *vs.* conséquences morales) ; elle peut donc être aussi considérée comme impliquant un conséquentialisme sélectif. Il est certain, au demeurant, que la position de Kant est radicalement anti-utilitariste. Mais le conséquentialisme ne se confond pas avec l'utilitarisme.

Du reste, on peut considérer la philosophie pratique de Kant, objet de ce livre, comme une invitation à surmonter la dichotomie trop commode du déontologisme et du conséquentialisme. Cette philosophie, telle est la thèse du présent ouvrage, est *avant tout* une théorie de la rationalité normative, une théorie qui n'est « formaliste » que si l'on se méprend sur la nature des opérations rationnelles et de ce qui les alimente. De surcroît, comme on le verra, elle a connu une évolution importante. Si l'on peut à la rigueur qualifier de déontologiste (voire de formaliste) le point de vue de la *Fondation de la métaphysique des mœurs* (celui que Péguy avait en vue lorsqu'il formulait son commentaire narquois), il sera beaucoup plus difficile d'appliquer cette caractérisation au Kant de la *Paix perpétuelle* et surtout de la *Métaphysique des Mœurs*. La valorisation croissante de ce que j'appellerai la raison juridique – elle obéit à des raisons à la fois internes et externes au système kantien – implique un décentrement du *focus* de l'analyse : l'intérêt principal se déplace des « maximes » et des « dispositions » subjectives (qui ne sont pas pour autant mises hors circuit) vers les « actions », et donc inévitablement vers la matérialité des effets qu'elles produisent dans le monde. Seulement, pour évaluer convenablement ces effets, il convient de disposer de *normes* que seule la raison peut établir : parce que la morale n'est pas une « doctrine du bonheur », elle ne peut se fonder sur des évaluations empiriques : « c'est la raison qui ordonne comment on doit agir », et *à cet égard* elle « ne se soucie aucunement de l'avantage que nous pouvons en retirer »[1]. La raison normative « nous permet certes de rechercher notre avantage » ; elle nous convainc aussi que « de l'obéissance à ses commandements s'ensuivront des avantages en moyenne plus grands que ceux qui résulteraient de leur transgression »[2]. Mais l'essentiel n'est pas là : il réside dans le fait que l'opération par laquelle la raison prescrit des normes est l'expression même de la liberté,

1. Kant, *MdS*, Einleitung, *AA* VI, p. 216 ; *Mœurs*, Introduction, *MM* 1, p. 165.

2. Kant, *MdS*, Einleitung, *AA* VI, p. 216 ; *Mœurs*, Introduction, *MM* 1, p. 166.

c'est-à-dire de l'*autonomie* de l'être rationnel. Est « morale »
(et on verra que ce prédicat convient aussi au droit) la volonté
qui « unit en elle liberté et loi »[1]. Il existe – telle est la découverte de la *Grundlegung*, dont résulte toute la « philosophie
pratique » de Kant – une connexion nécessaire entre liberté,
rationalité et normativité ; et cette connexion se décline
d'ailleurs de différentes façons selon le champ auquel on a
affaire : d'où le pluriel du titre de ce livre, *La raison des
normes*, qui sous-entend qu'un même régime de rationalité
organise les champs normatifs différents que sont l'éthique et
le droit. Il me semble que la part la plus féconde, et la plus
actuelle, de la pensée kantienne est consacrée à développer les
conséquences de cette découverte ; mais peut-être Kant a-t-il
laissé à d'autres que lui le soin de mener l'enquête à son terme.

---

1. Kant, *Opus postumum*, *AA* XXII, p. 123 ; *Opus postumum* fr, p. 175.
C'est un ultime écho donné à la formule matricielle de 1785 : « une volonté libre
et une volonté soumise à des lois morales sont donc une seule et même chose »
(*Grundlegung*, *AA* IV, p. 447 ; *Fondation*, *MM* 1, p. 132).

LIBERTÉ

> *Le concept de liberté [...] ne constitue pas un*
> *objet d'une connaissance théorique*
> *qui nous soit possible* [1].

On connaît cette déclaration qui figure au début de la Préface de la *Critique de la raison pratique* :

> Le concept de liberté, en tant que la réalité en est démontrée par une loi apodictique de la raison pratique, constitue [...] la clef de voûte de l'édifice entier d'un système de la raison pure, y compris de la raison spéculative [2].

La question qui se pose est de savoir de *quel* concept de la liberté il s'agit. Kant distingue en effet, dans la *Critique de la raison pure*, mais aussi dans la *Critique de la raison pratique* et dans d'autres textes, plusieurs concepts de liberté, fonctionnant souvent par paires, et dont la relation exacte est tout sauf

---

1. Kant, *MdS*, Einleitung, *AA* VI, p. 221 ; *Mœurs*, Introduction, *MM* 1, p. 172.

2. Kant, *KpV*, *AA* V, p. 3 ; *CRprat*, p. 90.

évidente[1]. C'est ainsi que l'Antithétique de la raison pure
(spéculative) distingue liberté pratique et liberté transcendantale, celle-ci étant le « fondement » de celle-là[2]. Elle souligne
par ailleurs que la liberté transcendantale ne forme qu'une
partie du « concept psychologique » de la liberté, qui est « en
grande partie empirique »[3] ; le texte n'indique pas clairement
si la liberté transcendantale se confond ou non avec la liberté
« au sens cosmologique » (je considère pour ma part qu'il faut
les distinguer). Enfin, Kant fait une distinction (qui se retrouve
dans les écrits ultérieurs, alors que la liberté cosmologique y
disparaît) entre un sens « négatif » et un sens « positif » de la
liberté, entre la liberté comme indépendance à l'égard des
conditions empiriques et la liberté comme autodétermination
rationnelle[4]. Bien que les formulations ne soient pas toutes
concordantes (dans la première *Critique*, il identifie parfois
liberté négative et liberté pratique, parfois non ; dans la *Grundlegung* et la deuxième *Critique*, il insiste sur la nécessité de
concevoir la liberté pratique de façon positive, comme autonomie), il semble que cette opposition entre liberté « positive »
et liberté « négative » (qui évidemment est toute différente

---

1. C'est un mérite de Heidegger que d'avoir tenté dans son cours « De
l'essence de la liberté humaine » (*GA* XXXI) de penser l'articulation des divers
concepts de liberté qui sont à l'œuvre dans les deux premières *Critiques*, en
particulier celle de la liberté transcendantale, de la liberté cosmologique et de la
liberté pratique. Toutefois, la règle de lecture de Heidegger – « la question de
l'essence de la liberté humaine se trouve *nécessairement* insérée dans la
question qui demande ce que l'étant comme tel est proprement » (*De l'essence
de la liberté humaine*, trad. E. Martineau, Gallimard, 1987, p. 41) – et la thèse
concomitante du « caractère offensif » du questionnement philosophique
conduit dans une tout autre voie que celle qui est suivie ici.

2. Kant, *KrV*, B 561 ; *CRp*, p. 496.

3. Kant, *KrV*, B 476 ; *CRp*, p. 444.

4. Kant, *KrV*, B 581-582 ; *CRp*, p. 507.

de l'utilisation qu'en fait Isaiah Berlin[1]) soit transversale à la distinction de la liberté pratique et de la liberté transcendantale ; elle correspond plutôt à deux manières, inégalement pertinentes, d'appréhender « la » liberté. Cependant, il paraît clair que la liberté transcendantale entendue au sens strict, à savoir le « pouvoir de commencer par soi-même une série d'événements »[2], n'est pas susceptible d'une compréhension seulement négative : elle ne peut être simplement conçue comme l'envers du déterminisme naturel. Ce qui, bien entendu, a des répercussions sur la façon dont on doit entendre les autres concepts de liberté, au premier chef celui de la liberté pratique qui est la mise en œuvre d'une rationalité normative. Il n'est donc pas surprenant que la *Grundlegung*, la deuxième *Critique* et la *Métaphysique des Mœurs* insistent sur le fait que seul le concept positif de la liberté comme autonomie (voir comme « autocratie »[3]) permet de penser, à tout le moins à titre de possibilité, des « lois pratiques inconditionnées », autrement dit une normativité morale (à la fois juridique et éthique)[4].

Je vais m'efforcer de mettre de l'ordre dans cet agrégat de concepts de liberté, en m'appuyant sur une hypothèse qu'il conviendra d'éprouver : en accomplissant pour son propre compte, dans ses écrits postérieurs à 1781, un tel travail de mise en ordre et de remaniement des concepts de liberté mobilisés dans la première *Critique*, Kant a été conduit à modifier

1. I. Berlin, *Two Concepts of Liberty*, Oxford, Clarendon Press, 1958.

2. Kant, *KrV*, B 582 ; *CRp*, p. 507.

3. Kant, *MdS*, *Tugendlehre*, AA VI, p. 383 ; *Mœurs, Vertu*, dans *MM 2*, p. 223. Voir aussi *Welche sind die wirklichen Fortschritte, die die Metaphysik seit Leibnizens und Wolff's Zeiten in Deutschland gemacht hat ?*, AA XX, p. 295 ; *Quels sont les progrès de la métaphysique en Allemagne depuis le temps de Leibniz et de Wolff ?*, dans *OP 3*, p. 1248.

4. Kant, *MdS*, Einleitung, AA VI, p. 221 ; *Mœurs*, Introduction, *MM 1*, p. 172.

de façon substantielle la conception de la liberté qui était
initialement la sienne, et surtout à redéfinir en profondeur les
relations entre liberté, rationalité, volonté (*Wille*) et arbitre
(*Willkür*). Cette refonte va, à mon avis, bien au delà de « l'in-
vention de l'autonomie » qui s'accomplit, comme on le sait,
dans la *Grundlegung* de 1785, puisqu'elle conduit, pour le dire
par avance, à une désimplication des concepts de liberté et de
volonté. Au terme de cette évolution, dans la *Religionsschrift*
et la *Métaphysique des Mœurs*, la liberté devient la propriété de
la seule *Willkür*, de l'arbitre ; de son côté, la volonté se trouve
identifiée à la raison pratique elle-même, dont la vocation
est de fournir à l'arbitre, avec la « loi morale », un « principe
de détermination »[1]. C'est pourquoi sa lecture me paraît particulièrement fructueuse pour celui qui, dans l'espace des questions soulevées par la philosophie contemporaine, se soucie,
dans une perspective non-utilitariste, du statut de la rationalité
normative.

LIBERTÉ COSMOLOGIQUE, LIBERTÉ TRANSCENDANTALE, LIBERTÉ PRATIQUE

Dans la *Critique de la raison pure*, le problème de la
liberté est abordé pour l'essentiel dans deux passages. Dans
« L'antinomie de la raison pure », deuxième chapitre de la
« Dialectique transcendantale », l'exposé du troisième conflit
des idées transcendantales et les commentaires afférents
traitent du « concept cosmologique » de liberté et aussi, sans
que le rapport des deux concepts soit clairement défini, de
« l'idée transcendantale de la liberté » ; à cette occasion, Kant

---

1. Kant, *MdS*, Einleitung, AA VI, p. 213 ; *Mœurs*, Introduction, *MM* 1,
p. 162.

apporte un certain nombre de précisions sur le rapport entre
liberté transcendantale et liberté pratique, en particulier dans
la sous-section intitulée « Résolution [du problème posé par
les] idées cosmologiques relatives à la totalité de la déri-
vation des événements du monde à partir de leurs causes »[1].
Deuxième passage : le second chapitre de la « Méthodologie
transcendantale », intitulé « Canon de la raison pure », expose
les principes de « l'usage pratique de la raison » et, pour ce
faire, définit la liberté *pratique* dans ce qui la relie à et la
distingue de la liberté transcendantale. Il est bien connu que la
conception de la philosophie pratique exposée dans ce chapitre
diffère notablement de celle que Kant va introduire en 1785
dans la *Grundlegung der Metaphysik der Sitten* et développer
en 1788 dans la *Critique de la raison pratique* ; cette différence
tient principalement à l'absence, dans la première *Critique*,
du concept-clef d'autonomie. Un seul indice de cette distance :
alors que Kant va insister ultérieurement, au moyen de la
doctrine du « fait de la raison », sur le caractère unique et
non démonstratif de la « preuve » de la liberté, le « Canon »
affirme que « la liberté pratique peut être démontrée par
l'expérience »[2], ce que la deuxième *Critique* contestera
formellement (car cela reviendrait à admettre, au moins
indirectement, qu'il peut y avoir une forme de connaissance
théorique de cette liberté pourtant « insondable »). Par ailleurs,
le « Canon » dissocie strictement la question de la liberté pratique de celle de la liberté transcendantale, alors que la deuxième
Critique soutiendra que la première ne va pas sans la seconde ;

1. Kant, *KrV*, B 560-586 ; *CRp*, p. 495-510. L'adjonction en incise
s'explique par le fait que ce ne sont pas les idées cosmologiques elles-mêmes
qu'il s'agit de « résoudre » ou de « dissoudre » (*auflösen*), mais bien les
« problèmes » (*Aufgaben*) qu'elles posent : *KrV*, B 546 ; *CRp*, p. 486.

2. Kant, *KrV*, B 830 ; *CRp*, p. 656.

dans le texte de 1781, la liberté pratique est présentée comme une « cause naturelle », « connue par l'expérience », alors que la liberté transcendantale, résolument méta-empirique, « reste à l'état de problème », un problème qui concerne exclusivement le « savoir spéculatif » et n'a donc pas d'incidence sur les questions normatives[1]. Kant a pourtant soutenu le contraire dans l'examen critique de la troisième antinomie, où il est dit que le concept pratique de liberté « se fonde » sur l'idée de liberté transcendantale[2].

Revenons sur une difficulté déjà évoquée, mais dont Kant ne traite pas expressément : qu'en est-il du rapport entre l'idée *cosmologique* et l'idée *transcendantale* de la liberté ? A première vue, « L'antithétique de la raison pure » semble les identifier ; elle utiliserait alors deux dénominations pour un seul et même concept. Tout au plus pourrait-on dire que les idées cosmologiques correspondent à un usage particulier des idées transcendantales, celui qui les utilise pour rendre compte de la « synthèse empirique » ou de la « synthèse des phénomènes »[3]. Il n'en est pourtant rien, même si la liberté transcendantale est analytiquement incluse dans la notion de liberté cosmologique ; du reste, Kant prend parfois soin de les distinguer, ainsi lorsqu'il déclare en conclusion de l'Antithétique :

> Aussi longtemps que nos concepts rationnels n'ont pour ob-jet que la totalité des conditions [présentes] dans le monde sensible [...], nos idées sont à la vérité transcendantales, et *néanmoins* cosmologiques[4].

1. Kant, *KrV*, B 831 ; *CRp*, p. 657.
2. Kant, *KrV*, B 561 ; *CRp*, p. 496.
3. Kant, *KrV*, B 434 ; *CRp*, p. 418.
4. Kant, *KrV*, B 593 ; *CRp*, p. 514. Je souligne.

Conformément à la signification stricte du terme « transcendantal », qui désigne ce qui rend compte de la possibilité de connaissances *a priori*[1], la liberté *transcendantale* (qui ne forme qu'une partie de notre représentation de ce qu'est la liberté, autrement dit de son « concept psychologique », lequel est « en grande partie empirique »[2]) est le concept que la raison forme d'une causalité incommensurable au concept cognitif de causalité, qui établit toujours des rapports de condition à conditionné (du type : si a, alors b) dans le champ d'une expérience possible : elle désigne en effet « une spontanéité absolue des causes »[3], « un pouvoir de commencer absolument un état et par suite aussi une suite de conséquences de cet état »[4], autrement dit « la spontanéité absolue de l'action »[5]. Cette notion (comme les autres idées cosmologiques, du reste) est celle d'une condition inconditionnée ou d'une cause incausée ; elle nomme par conséquent quelque chose qui, par passage à la limite, excède radicalement le champ de l'expérience possible tout en offrant une possible explication *a priori* de certains faits, en l'occurrence une « explication » de l'existence d'actions libres, imputables à des sujets et irréductibles au faisceau de causes naturelles dont elles résultent *aussi* en tant qu'événements empiriques.

---

1. « Je nomme *transcendantale* toute connaissance qui s'occupe moins des objets que de notre mode de connaissance des objets, en tant que celui-ci doit être possible *a priori* » (*KrV*, B 25 ; *CRp*, p. 110).

2. Kant, *KrV*, B 476 ; *CRp*, p. 444.

3. Kant, *KrV*, B 474 ; *CRp*, p. 444.

4. Kant, *KrV*, B 473 ; *CRp*, p. 443.

5. Kant, *KrV*, B 476 ; *CRp*, p. 444. Kant parle aussi de la liberté comme d'un « pouvoir de commencer par soi-même un état », et indique que sa causalité « n'est pas subordonnée à son tour à une autre cause qui la déterminerait quant au temps » (*KrV*, B 561 ; *CRp*, p. 495) ; il faut noter toutefois que cette dernière définition est présentée comme celle… de la liberté cosmologique !

Le concept *cosmologique* de liberté, quant à lui, désigne la façon dont la liberté transcendantale peut être « mobilisée » pour rendre compte d'événements mondains, considérés alors comme des actes libres. (On voit ici, par parenthèse, à quel point Kant est éloigné d'analyses comme celles de Davidson, réduisant les actions à des événements susceptibles d'une explication causale[1]. En revanche, la distinction que fait Wittgenstein entre les raisons et les causes peut jusqu'à un certain point recevoir une interprétation kantienne[2]). De façon générale, les arguments cosmologiques ont « les pieds dans le monde » tout en cherchant à en sortir, puisqu'ils tendent précisément, comme le dit Kant à propos de la quatrième antinomie, à « s'élever du conditionné dans le phénomène à l'inconditionné dans le concept, en considérant cet inconditionné comme la condition nécessaire de la totalité absolue de la série [des conditions] »[3]. Le § 50 des *Prolégomènes à toute métaphysique future* explique fort clairement cette spécificité des idées cosmologiques, qui est de *penser* (sans pour autant le *connaître*) le rapport de phénomènes empiriques à leur ultime condition transcendantale, ce qui constitue un usage *transcendant* (donc problématique) de concepts rationnels :

> Je nomme cette idée cosmologique parce qu'elle prend toujours son objet dans le monde sensible seulement, qu'elle ne réclame non plus aucune autre idée que celle dont l'objet est un objet des sens et que, par suite, dans la mesure où elle demeure sur ce sol et n'est pas transcendante, ce n'est donc jusque là pas encore une idée [...]. Malgré cela, l'idée cosmologique étend la

1. Voir Davidson, *Actions et événements*, Paris, P.U.F., 1993.

2. Voir Wittgenstein, *Eine philosophische Betrachtung* [*Das braune Buch*], in *Das blaue Buch. Das braune Buch*, *Werkausgabe*, Bd. 5, Suhrkamp, 1969, p. 161 ; *Le Cahier brun*, dans *Le Cahier bleu et le Cahier brun*, Paris, Gallimard, 1996, p. 181-182.

3. Kant, *KrV*, B 484 (*CRp*, p. 450).

liaison du conditionné avec sa condition [...] si loin que
l'expérience ne peut jamais l'égaler, et elle est ainsi, de ce point
de vue, une idée dont l'objet ne peut jamais être donné de
manière adéquate dans une expérience quelconque [1].

Par conséquent, l'usage *cosmologique* de l'idée de liberté
consiste à utiliser la liberté transcendantale comme principe d'explication *théorique* d'événements empiriques et
mondains, raison pour laquelle il donne lieu à une dialectique
(antinomie) dont l'issue consiste non pas à considérer la liberté
transcendantale comme une chimère ou un pur *ens rationis*,
mais à dissocier le plan de l'explication théorique des événements par la chaîne de la causalité naturelle et celui de l'imputation normative de ces mêmes événements, considérés
comme des actions, à la liberté d'un agent. On comprend alors
que le concept cosmologique de liberté, propre à un usage
cognitif (imprudent) de l'idée de liberté, disparaisse des textes
de philosophie pratique, alors que la liberté transcendantale y
conserve toute sa place (mais une place différente de celle
qu'elle occupe dans la construction cosmologique).

Venons-en donc au rapport entre liberté transcendantale
et liberté pratique. Tout d'abord, que signifie cette dernière
notion ? Dans la *Critique de la raison pure*, et rétrospectivement ceci n'a rien de surprenant, la définition en demeure
assez floue ; surtout la relation entre liberté pratique et liberté
transcendantale donne lieu à des jugements divergents, qui
témoignent d'une hésitation quant à la signification exacte de
la première. Bien qu'il ait déclaré au début de la Dialectique
transcendantale son intention de « laisser de côté les idées
pratiques » pour s'en tenir à l'examen des idées de la raison
spéculative et, « plus étroitement encore, de leur usage

---

1. Kant, *Prolegomena*, § 50, *AA* IV, p. 338 ; *Prolégomènes*, dans *OP* 2,
p. 118-119.

transcendantal »[1], il se voit naturellement, lors de l'exposé de la troisième antinomie et de sa solution, contraint d'évoquer le rapport entre liberté transcendantale et liberté pratique, ne serait-ce que par anticipation. Il définit alors la liberté pratique (c'est-à-dire la liberté de la volonté ou de l'arbitre dans son rapport aux normes édictées par la raison) comme « indépendance de l'arbitre à l'égard de la *contrainte* (*Nötigung*) exercée par les impulsions de la sensibilité »[2], ce qui correspond à ce qu'il nomme par ailleurs liberté au sens négatif[3]. Cette indépendance est ce qui fait de l'arbitre de l'homme (en tant qu'être rationnel) un arbitre possiblement libre, et non pas un *arbitrium brutum*. Il faut donc en conclure (cette conclusion reste implicite dans ce passage ; mais elle est en revanche explicitement tirée dans « l'Explication de l'idée cosmologique de liberté dans sa liaison avec la nécessité universelle de la nature »[4]) que la liberté transcendantale, en tant que spontanéité absolue ou que causalité incausée, est la liberté au sens positif ; ceci expliquerait que, dans ce même passage, elle soit présentée comme « ce sur quoi se fonde le concept pratique de liberté », et aussi l'affirmation que « la suppression (*Aufhebung*) de la liberté transcendantale ferait disparaître en même temps toute liberté pratique »[5].

---

1. Kant, *KrV*, B 386 ; *CRp*, p. 351.

2. Kant, *KrV*, B 562 ; *CRp*, p. 496.

3. Voir par ex. Kant, *KpV*, *AA* V, p. 33 ; *CRprat*, p. 130, et *MdS*, Einleitung, *AA* VI, p. 221 ; *Mœurs*, Introduction, *MM* 1, p. 172.

4. Voir Kant, *KrV*, B 581-582 ; *CRp*, p. 507 : « et cette liberté [de la raison], on ne peut la considérer simplement de manière négative, comme indépendance à l'égard des conditions empiriques (car alors cesserait le pouvoir qu'a la raison d'être une cause des phénomènes), mais on peut aussi la caractériser de manière positive comme un pouvoir de commencer par soi-même une série d'événements ».

5. Kant, *KrV*, B 562 ; *CRp*, p. 496.

Cette manière de présenter le rapport entre liberté transcendantale et liberté pratique ne se retrouve pas dans le « Canon de la raison pure ». Certes, la « liberté au sens pratique » y est encore définie comme la propriété de la volonté libre ou du libre arbitre[1] (les deux mots semblent ici être employés indifféremment, et ils continueront à l'être dans les écrits de 1785 et 1788, alors que la *Religionsschrift* et la *Métaphysique des Mœurs* les distingueront strictement ; je vais revenir sur ce point), un libre arbitre susceptible d'être « déterminé indépendamment des impulsions sensibles, donc par des causes motrices qui ne peuvent être représentées que par la raison » ; la première partie de la formulation évoque l'interprétation de la liberté pratique comme liberté négative, la seconde en revanche peut être comprise comme une ébauche de la doctrine de l'autonomie rationnelle de la volonté, qui sera exposée pour la première fois dans la *Grundlegung* et sera qualifiée de « principe suprême de la moralité »[2]. Toutefois, dans le « Canon »[3], la liberté transcendantale n'est plus présentée comme le « fondement » de la liberté pratique. Et cela pour deux raisons. Premièrement, Kant adopte dans ce texte une définition stricte (cognitiviste, si l'on veut) de la philosophie transcendantale comme n'ayant affaire qu'à des connaissances *a priori* ; or ceci exclut de son champ l'ensemble de la philosophie pratique, qui traite d'un objet (la liberté de la volonté et avec elle « tous les concepts pratiques ») qui lui

1. Kant, *KrV*, B 829-830 ; *CRp*, p. 656.

2. Kant, *Grundlegung*, AA IV, p. 440 ; *Fondation*, MM 1, p. 123. Voir déjà AA IV, p. 439 ; *Fondation*, MM 1, p. 122 : « La moralité est donc le rapport des actions à l'autonomie de la volonté, c'est-à-dire à la législation universelle qui est possible grâce aux maximes de cette volonté ».

3. Je ne me prononce pas sur la question de savoir si la rédaction du Canon n'est pas, comme on le dit, plus ancienne que celle de l'Antithétique. J'examine les choses du seul point de vue de la rigueur argumentative.

est, dit-il, «étranger». On peut seulement s'efforcer, s'agissant de ce genre de question, de se tenir «aussi près que possible du transcendantal»[1]. Par conséquent, à ce stade, l'existence d'une «faculté supérieure de désirer»[2] et celle d'une raison pratique *pure*[3], et par voie de conséquence la bipartition fondamentale de la philosophie en philosophie théorique et philosophie pratique[4] et de la métaphysique en métaphysique de la nature et métaphysique des mœurs[5], restent pour le moins douteuses. Deuxième raison : il serait paradoxal de faire de la liberté transcendantale le fondement de la liberté pratique et de voir en elle un «concept positif» et dans la seconde un «concept négatif» au moment même où Kant prétend que la liberté pratique est un fait d'expérience, et même «une des causes naturelles», alors que la liberté transcendantale, précisément parce qu'elle paraît «contraire à la loi de la nature» et parce qu'elle échappe au champ de l'expérience possible, «reste à l'état de problème», un problème qui comme on l'a dit concerne seulement «le savoir spéculatif»[6]. La liberté transcendantale est un concept dont la

1. Kant, *KrV*, B 829 ; *CRp*, p. 656.

2. Voir Kant, *KpV*, *AA* V, p. 22-25 ; *CRprat*, p. 114-118. Voir également *MdS*, Einleitung, *AA* VI, p. 213 ; *Mœurs*, Introduction, *MM* 1, p. 161, où Kant parle de «faculté de désirer selon des concepts».

3. Voir Kant, *KpV*, *AA* V, p. 15-16 et 31 ; *CRprat*, p. 104 et 128 : seule la raison *pure* peut être pratique (normative).

4. Voir Kant, *KU*, Einleitung, *AA* V, p. 171-176 ; *CJ*, p. 149-154.

5. Voir Kant *Grundlegung*, *AA* IV, p. 388 ; *Fondation*, *MM* 1, p. 52, et *MdS*, Einleitung, *AA* VI, p. 214-218 ; *Mœurs*, Introduction, *MM* 1, p. 163-168.

6. Kant, *KrV*, B 831 ; *CRp*, p. 657. Voir également *KrV*, B 585-586 ; *CRp*, p. 510 : «nous n'avons pas voulu démontrer l'*effectivité* de la liberté comme étant l'un des pouvoirs qui contiennent la cause des phénomènes de notre monde sensible. [...]. Bien plus, nous n'avons même pas voulu démontrer la *possibilité* de la liberté [...]. La liberté n'est traitée ici que comme une idée

raison ne peut faire qu'un usage hypothétique ou *régulateur*, à titre de « maxime de la raison » (en vue d'introduire un principe d'unification systématique de ses connaissances), et non pas un usage *constitutif*, comme s'il s'appliquait réellement à cette expérience[1] ; on ne saurait donc en faire le « fondement » d'un autre concept (normatif) de liberté dont on considère que la réalité objective est attestée et qui pour sa part a bel et bien un rôle *constitutif*, comme l'indiquera la *Critique de la raison pratique*, puisqu'il prescrit une règle ou plutôt une norme aux actions, qui sont aussi des faits, des événements du monde sensible[2].

LA LIBERTÉ COMME AUTONOMIE
ET COMME « FAIT UNIQUE DE LA RAISON PURE »

Les écrits postérieurs modifient profondément cette manière de voir les choses. La transformation affecte d'abord la compréhension de la liberté pratique qui, à partir de la *Grundlegung*, repose sur l'idée d'autonomie rationnelle de la volonté ou de l'arbitre ; mais elle se répercute du même coup sur l'interprétation du rapport entre liberté transcendantale et liberté pratique.

transcendantale par laquelle la raison pense inaugurer absolument la série des conditions dans le phénomène par ce qui est inconditionné par la sensibilité ».

1. Voir Kant, *KrV*, B 670 *sq.* ; *CRp*, p. 559 *sq.* En ce qui concerne les idées transcendantales comme maximes de la raison, voir *KrV*, B 694 ; *CRp*, p. 573.

2. Voir par ex. Kant, *KpV*, *AA* V, p. 135 ; *CRprat*, p. 263 : les idées de la raison, qui sont transcendantes et régulatrices pour la raison théorique, deviennent « immanentes et constitutives » dans l'usage pratique « parce qu'elles sont le fondement de la possibilité de rendre effectif l'objet nécessaire de la raison pratique pure (le souverain Bien) ».

A vrai dire, l'expression même de « liberté pratique »,
fréquemment utilisée dans la *Critique de la raison pure* où
elle est contre-distinguée de la liberté transcendantale, disparaît pratiquement des écrits postérieurs à 1781 (à l'exception des *Vorlesungen über die Metaphysik*, où on en trouve
quelques occurrences[1]). Ce n'est pas l'indice d'une éviction
de ce thème, bien au contraire ; mais Kant parle désormais
presque toujours de liberté tout court là où il parlait de liberté
pratique en 1781. Réciproquement, l'expression « raison pratique », absente de la première *Critique* (si ce n'est à la rigueur
à travers la périphrase « connaissance pratique de la raison »,
qui désigne le pendant de la connaissance théorique dans la
Préface de la 2ᵉ édition[2]), devient omniprésente (éventuellement sous la forme renforcée de « raison pratique pure » ou
de « raison pure pratique »[3]), et elle est maintenant systématiquement associée au concept de liberté. Désormais, au moins
sur un plan statistique, la liberté, c'est la liberté pratique, plus
exactement la liberté sous l'empire de la raison pratique. En
effet, sur un plan conceptuel cette fois, « la liberté et la loi

1. Kant, *Vorlesungen über die Metaphysik*, p. 185, 204 ; *Leçons de
métaphysique*, p. 301, 319. Kant oppose dans ce dernier passage la « liberté
pratique », identifiée à la « liberté psychologique », au « concept transcendantal
de liberté » et, pour rendre les choses encore un peu plus embrouillées, affirme
que ce concept, dont traite la « psychologie empirique », est « suffisant pour
la moralité » ...

2. Kant, *KrV*, B X ; *CRp*, p. 74.

3. Voir Kant, *KpV*, *AA* V, p. 31 ; *CRprat*, p. 128 : « La raison pure seule est
pratique par elle-même ». Dans les premières lignes de la Préface, Kant justifie
le titre de la *Critique de la raison pratique* en indiquant que c'est le pouvoir
pratique de la raison en général qu'il s'agit d'établir, la raison pure elle-même
n'ayant pas besoin d'être soumise à la critique ; il y a seulement lieu d'établir
son existence (*KpV*, *AA* V, 3 ; *CRprat*, p. 89). Sur l'importance de l'ordre des
adjectifs, voir la note 1 de J.-P. Fussler dans sa traduction : *CRprat*, p. 299.

pratique inconditionnée renvoient [...] l'une à l'autre »[1], et c'est la « raison pratique », grâce à sa « loi fondamentale » (la loi morale), qui « nous dévoile le concept de la liberté », posant ainsi à la raison spéculative « le problème le plus insoluble »[2] : comment peut-on « introduire la liberté dans la science », alors qu'elle ne peut et ne doit pas intervenir dans l'explication causale des phénomènes ? On le voit déjà : la nouvelle conception de la liberté pratique introduite par la *Grundlegung* (avec la définition de la loi morale comme impératif caté-gorique et la formulation du principe de l'autonomie ration-nelle) implique une redéfinition profonde du savoir (qui doit désormais « faire une place à la croyance » ou à la foi ration-nelle pratique, sinon être à proprement parler « mis de côté » ou « aboli »[3]) : le savoir, et même la science (car il ne faut pas oublier que la métaphysique *en sa totalité* a vocation à « se présenter comme science »), ne sont pas seulement d'ordre cognitif, ils sont aussi d'ordre normatif, pour autant qu'ils portent sur les « lois pratiques de la liberté »[4].

Quelles conséquences cette promotion de la liberté pratique, désormais identifiée à la liberté tout court, va-t-elle avoir pour la liberté transcendantale ? Comme je l'ai indiqué, à partir de la *Critique de la raison pure*, deux voies sont possibles : affirmer l'existence d'un lien logique entre liberté transcendantale et liberté pratique (en faisant de la première, comme dans l'Antithétique, le « fondement » de la seconde), ou bien soutenir, ce qui semble être la perspective du Canon de la raison pure, que la liberté pratique dispose d'une

---

1. Kant, *KpV*, *AA* V, p. 29 ; *CRprat*, p. 124.
2. Kant, *KpV*, *AA* V, p. 30 ; *CRprat*, p. 125.
3. Kant, *KrV*, B XXX ; *CRp*, p. 85.
4. Kant, *KU*, Einleitung, *AA* V, p. 195 ; *CJ*, p. 175. La *Critique de la raison pratique* précise que la « loi de la liberté » porte sur une « causalité qui n'est pas du tout conditionnée de façon sensible » (*KpV*, *AA* V, p. 69 ; *CRprat*, p. 176).

consistance qui lui permet de faire l'économie d'une
articulation périlleuse avec un concept problématique de la
raison spéculative, dont seul un usage régulateur est possible.
La découverte de la *Grundlegung*, que résume la formule :
« une volonté libre et une volonté soumise à des lois morales
(*sittliche*) sont une seule et même chose »[1], semblerait impli-
quer que Kant s'engage dans la deuxième voie, et renonce à
donner à la liberté pratique un fondement « métaphysique ».
C'est d'ailleurs ce qu'il paraît faire dans la *Grundlegung*,
où l'expression « liberté transcendantale » n'apparaît pas
une seule fois (non plus qu'aucune de ses variantes), et où
la « liberté » est systématiquement présentée comme une
« propriété de la volonté [ou de l'arbitre] de tous les être rationnels »[2], ce qui montre bien qu'elle est envisagée en tant que
liberté pratique (liberté du choix des maximes des actions). De
surcroît, ce texte modifie la topique liberté négative / liberté
positive, telle qu'elle se présentait dans la *Critique de la raison
pure*. Dans cet ouvrage, la qualification négative s'appliquait
au premier chef à la liberté pratique, alors que la liberté
transcendantale pouvait revendiquer celle de liberté positive ;
au contraire, la *Grundlegung* (au début de sa troisième section)
souligne l'insuffisance d'une compréhension négative de la
liberté de la volonté, donc de ce que la *Critique de la raison
pure* nommait la liberté pratique ; il convient de fournir
de celle-ci un « concept positif », et ce concept positif est
celui de l'*autonomie*, entendue comme « propriété qu'a la
volonté d'être pour soi-même une loi »[3]. Il semble donc que le
problème « métaphysique » de la liberté transcendantale est

---

1. Kant, *Grundlegung*, AA IV, p. 447 ; *Fondation*, *MM* 1, p. 132.

2. Kant, *Grundlegung*, AA IV, p. 447 ; *Fondation*, *MM* 1, p. 133.

3. Kant, *Grundlegung*, AA IV, p. 447 ; *Fondation*, *MM* 1, p. 132. Voir
également *Grundlegung*, AA IV, p. 440 ; *Fondation*, *MM* 1, p. 123.

mis entre parenthèses, et que l'opposition entre liberté au sens négatif et liberté au sens positif est celle de deux manières, l'une insatisfaisante, l'autre adéquate, de penser la liberté pratique. Le cœur du « concept positif » de la liberté *pratique*, c'est le principe d'universalisabilité des maximes, autrement dit ce que la *Critique de la raison pratique* nomme la « loi fondamentale de la raison pratique pure », c'est-à-dire, dans les termes d'Apel et Habermas, le « principe U »[1]. J'en rappelle la formulation canonique :

> Agis de telle sorte que la maxime de ta volonté puisse toujours valoir en même temps comme principe d'une législation universelle[2].

A première vue, tout ceci paraît clair et net ; il y aurait une évolution de Kant, liée à la découverte de l'autonomie, qui le conduirait à déplacer l'accent de la liberté transcendantale, définitivement considérée comme un « concept indémontrable »[3], vers la liberté pratique entendue à la fois de manière négative, comme indépendance à l'égard des impulsions sensibles, et de manière positive, comme capacité de se donner (et de se soumettre à) une loi rationnelle pure, qui n'est

---

1. Voir d'une part K.-O. Apel, *Discussion et responsabilité*, t. I, Paris, Cerf, 1996, p. 106 *sq.*, et *Éthique de la discussion*, Paris, Cerf, 1994, p. 78 *sq.* ; et d'autre part J. Habermas, *Morale et communication*, Paris, Cerf, 1986, p. 78 *sq.*, et *De l'éthique de la discussion*, Paris, Cerf, 1992, *passim*.

2. Kant, *KpV*, *AA* V, p. 30 ; *CRprat*, p. 126. Je n'entre pas ici dans la discussion, à mon sens oiseuse, sur le caractère unique ou non de l'impératif catégorique ; elle n'a pas lieu d'être, puisque Kant déclare d'emblée que « il n'y a qu'un seul et unique impératif catégorique » (*Grundlegung*, *AA* IV, 421 ; *Fondation*, *MM* 1, p. 97), à savoir le principe formel d'universalisation, et que les autres formulations « ne sont qu'autant de formules d'une seule et même loi » (*Grundlegung*, *AA* IV, p. 436 ; *Fondation*, *MM* 1, p. 118).

3. Kant, *KU*, § 57, Anmerkung I, *AA* V, p. 342-343 ; *CJ*, p. 330-332.

rien d'autre que « l'universalité d'une loi en général »[1], la forme même d'une proposition universelle.

Le problème est néanmoins que la *Critique de la raison pratique* ne permet pas de maintenir une telle interprétation, puisqu'elle affirme d'emblée qu'aussitôt établi le pouvoir pratique (= la capacité normative) de la raison (pure) – et il l'est non par une démonstration, mais par ce « fait unique de la raison pure » qu'est la conscience que nous avons de la loi fondamentale de la raison pratique, c'est-à-dire de la structure de base de la normativité entendue dans une perspective déontologique[2] – la liberté *transcendantale* l'est elle aussi, et de surcroît « avec cette signification absolue en laquelle la raison spéculative avait besoin de la prendre »[3]. Au premier chapitre de l'Analytique de la raison pratique, le § 5 confirme cette thèse : quelque divers que soit le spectre des raisons d'agir et quelle que soit la complexité de leur équilibre, une volonté qui est susceptible d'avoir pour *raison déterminante ultime* la « simple forme législative » (le principe U), est une volonté libre. Ce point est capital, car il permet de réfuter la légende du formalisme kantien : un acte n'obéit jamais à une seule raison, mais l'évaluation de cet acte doit porter sur sa raison *ultime*, et sur elle seulement. Kant précise de surcroît qu'une telle volonté ayant pour raison dernière d'agir « la simple forme législative des maximes » est libre « au sens le plus strict, c'est-à-dire au sens transcendantal » du mot[4]. Et, pour rendre les choses un peu plus compliquées encore, cette liberté transcendantale est maintenant définie comme une indépendance à l'égard de la « loi naturelle des phénomènes », à savoir la loi

---

1. Kant, *Grundlegung*, *AA* IV, p. 421 ; *Fondation*, *MM* 1, p. 97.
2. Kant, *KpV*, *AA* V, p. 31 ; *CRprat*, p. 128.
3. Kant, *KpV*, *AA* V, p. 4 ; *CRprat*, p. 89.
4. Kant, *KpV*, *AA* V, p. 28-29 ; *CRprat*, p. 123.

de causalité, autrement dit de façon négative, au moins à
première vue[1].

Ces affirmations posent certains problèmes auxquels le
premier chapitre de l'Analytique (« Des propositions-fonda-
mentales de la raison pratique pure ») n'apporte pas, à
mon avis, de réponses convaincantes[2]. Tout d'abord, pourquoi
Kant revient-il sur la mise hors circuit de la liberté transcendantale qui découlait, dans la *Grundlegung*, de la découverte
de la position spécifique de la question pratique grâce au
concept d'autonomie et à la formulation de l'impératif catégorique ? N'est-il pas contre-intuitif de soutenir que la mise
en évidence de la structure normative de la raison pure (le « fait
de la raison », que j'interprète pour ma part comme « fait de la
normativité », évidence immédiate de l'irréductibilité du
Sollen au *Sein*) démontre l'existence de la liberté *transcendantale*, alors que c'est bien plutôt la liberté *pratique* (la liberté
de la volonté ou de l'arbitre) qui paraît en résulter, au moins
directement ? S'il est vrai que la loi morale est la *ratio
cognoscendi* de la liberté et la liberté la *ratio essendi* de la
loi morale[3], la liberté en question n'est-elle pas au premier
chef une propriété de la « volonté pure »[4] lorsqu'elle décide de
soumettre sa « maxime », autrement dit la « règle que l'agent
se donne à lui-même comme principe pour des raisons
subjectives »[5], au critère objectif de l'universalisabilité, donc à

1. Kant, *KpV*, *AA* V, p. 29 ; *CRprat*, p. 124-125.

2. Je ne commente pas ici l'inversion de l'ordre concepts/principes par
rapport à *la Critique de la raison pure*, sur laquelle les explications de Kant sont
très claires : voir *KpV*, *AA* V, p. 16 et 89-91 ; *CRprat*, p. 104-105 et 202-204.

3. Kant, *KpV*, *AA* V, p. 4 ; *CRprat*, p. 90, note.

4. Voir Kant, *KpV*, *AA* V, p. 30 ; *CRprat*, p. 125 : « le concept d'une volonté
pure prend sa source dans des lois pratiques pures ».

5. Kant, *MdS*, Einleitung, *AA* VI, p. 225 ; *Mœurs*, Introduction, *MM* 1,
p. 177.

la forme légale comme « principe qui fait de certaines actions une obligation »[1] ? Deuxième question qui se pose : est-ce bien au même sens que dans la *Critique de la raison pure* qu'il est question, dans la *Critique de la raison pratique*, de la liberté *transcendantale* ? Kant ne substitue-t-il pas, peut-être à son insu, un *autre* concept de la liberté transcendantale à celui de la première *Critique* ?

A ces questions, Kant propose des réponses sophistiquées dans le passage intitulé « Eclaircissement (*Beleuchtung*) critique de l'analytique de la raison pratique pure », qui conclut le premier livre. Sur le premier point (pourquoi la réintroduction de la liberté transcendantale, et est-elle compatible avec la conception nouvelle de la liberté pratique comme autonomie ?), sa réponse est sans ambigüité. La liberté *pratique*, définie par « l'indépendance de la volonté à l'égard de toute autre loi que la seule loi morale », n'est pas une « propriété psychologique », mais un « prédicat *transcendantal* de la causalité d'un être qui appartient au monde sensible »[2]. Rejetant ce qu'il nomme un « concept comparatif de la liberté » – c'est-à-dire un usage métaphorique du terme, comme lorsqu'on parle de « chute libre » –, repoussant aussi le « misérable subterfuge » qui consiste à nommer libre tout acte qui n'est pas l'effet manifeste de causes externes et à se contenter du sentiment de liberté (la « liberté psychologique ») que je puis éprouver alors (comme si la causalité interne, les déterminismes psycho-sociaux, était moins contraignante que la nécessité extérieure)[3], Kant affirme expressément que *la liberté n'est pensable que comme liberté transcendantale*, c'est-à-dire comme « indépendance par rapport à tout ce qui est

1. *Ibid.*
2. Kant, *KpV*, *AA* V, p. 94 ; *CRprat*, p. 208, je souligne.
3. Kant, *KpV*, *AA* V, p. 96 ; *CRprat*, p. 211-212.

empirique et donc à la nature en général », et que c'est cette liberté transcendantale *seule* qui est « pratique *a priori* » ; en effet, sans elle, « aucune loi morale, aucune imputation selon cette dernière ne sont possibles »[1]. Et il ajoute, évoquant l'*automaton spirituale*[2] de Leibniz, qu'à défaut de cette liberté « transcendantale, c'est-à-dire absolue », la liberté humaine serait comparable à celle d'un tournebroche – on pourrait ajouter : ou à celle de la pierre qui, dit Spinoza, s'imaginerait tomber librement si elle était dotée de conscience[3]. La chose est donc claire, plus claire que dans la première *Critique*, où elle se présentait différemment (avec les deux solutions différentes adoptées dans l'Antithétique et dans le Canon) : la liberté transcendantale *est* la liberté pratique, et tout ce qui ne procède pas d'elle relève du déterminisme naturel entendu en un sens considérablement élargi.

Pourtant, la difficulté demeure, et Kant la formule sans ambages (« la solution proposée ici […] renferme bien des obscurités, et ne peut guère admettre une exposition claire »[4]), tout en soutenant qu'il s'agit d'une « contradiction apparente » et quoiqu'il prétende la résoudre « brièvement et de façon évidente »[5] : comment peut-on faire coexister deux systèmes hétérogènes de causalité (le mécanisme de la nature et la causalité libre) *en un seul et même point d'application* ? Comment une seule et même action peut-elle être simultanément libre, imputable à la volonté d'un sujet en tant que chose en soi, et strictement déterminée en tant que phénomène naturel ? Comment peut-on soutenir à la fois que l'on

1. Kant, *KpV*, *AA* V, p. 97 ; *CRprat*, p. 212.
2. Voir par exemple Leibniz, *Théodicée*, § 52 et 403.
3. Voir Spinoza, Lettre LVIII (à Schuller).
4. Kant, *KpV*, *AA* V, p. 103 ; *CRprat*, p. 220.
5. Kant, *KpV*, *AA* V, p 102 ; *CRprat*, p. 219.

pourrait calculer la conduite à venir de cet homme avec autant
de certitude qu'une éclipse de lune ou de soleil, et affirmer
pourtant avec cela que l'homme est libre [1] ?

Le propos, comme le souligne Kant, est autrement plus ambitieux que celui de la *Critique de la raison pure* (spéculative).
En effet, la solution de la troisième antinomie était qu'il est
spéculativement *possible* de concilier liberté et déterminisme
en faisant de la première une propriété de choses en soi et du
second la loi générale des phénomènes naturels ; aussi n'abou-
tissait-elle pas à affirmer l'*existence* de la liberté transcendantale, mais seulement sa non-impossibilité. On établissait,
en somme, un paisible dualisme.

Dans une perspective pratique, en revanche, il s'agit de
« convertir ce qui *peut* être en ce qui *est* », autrement dit de

prouver sur un cas effectivement-réel, en quelque sorte par un
fait [il s'agit bien entendu du « fait de la raison »], que certaines
actions supposent une telle causalité (la causalité intellectuelle,
inconditionnée sensiblement) [2].

Or ceci implique deux aménagements importants de la
doctrine. En premier lieu, dans « l'expérience » non empirique
de l'obligation (la conscience de la loi morale comme fait de la
raison), la liberté et son vecteur (le sujet pratique) ne sont plus
seulement pensés comme possibles, ils sont « *connus* assertori-
quement » [3], et cela à même ce phénomène du monde sensible
qu'est par ailleurs l'action dont le sujet est la cause intelligible
et libre. Il s'agit là d'une « extension considérable du champ
du supra-sensible », désormais reconnu comme producteur
d'effets actuels (des actions libres) dans le monde sensible, qui

---

1. Kant, *KpV, AA* V, p. 99 ; *CRprat*, p. 215.
2. Kant, *KpV, AA* V, p. 104 ; *CRprat*, p. 222.
3. Kant, *KpV, AA* V, p. 105 ; *CRprat*, p. 223.

reste cependant intégralement soumis par ailleurs au « *méca-nisme* de la nature »[1].

L'autre modification opérée par Kant constitue une réponse à la deuxième question que j'ai posée : la liberté trans-cendantale dont la deuxième *Critique* apporte une preuve est-elle celle dont traitait la première, ou s'agit-il d'une sorte d'homonymie ? En effet, la liberté transcendantale, entendue (comme en 1781, apparemment) comme « absolue sponta-néité »[2], doit désormais être comprise comme pleinement pratique *par elle-même*, comme cause *actuelle* de phénomènes qui doivent être imputés au sujet intelligible et à sa liberté rationnelle : la liberté transcendantale, et elle seule, est « prati-que *a priori* »[3]. Autrement dit, la deuxième *Critique* opère une *fusion* des deux concepts de liberté, alors que la première dessinait (sans vraiment choisir entre elles) deux autres voies : ou bien concevoir la liberté transcendantale comme fondement de la liberté pratique (troisième antinomie), ou bien les main-tenir sur deux plans parallèles (Canon de la raison pure). Cette nouvelle solution est-elle satisfaisante ? Elle l'est peut-être dans une perspective normative, gouvernée par l'idée selon laquelle « tout ce qui provient de l'arbitre de l'homme [...] a pour fondement une causalité libre »[4] ; en revanche, elle est peu conciliable avec certains acquis essentiels de la *Critique de la raison pure*. Certes, Kant s'efforce de montrer, dans l'Eclaircissement critique, que la gnoséologie de la première *Critique*, et plus particulièrement la thèse de l'idéalité de l'espace et du temps[5], justifie, en instituant la distinction entre

1. Kant, *KpV*, *AA* V, p. 97 ; *CRprat*, p. 212.
2. Kant, *KpV*, *AA* V, p. 99 ; *CRprat*, p. 215.
3. Kant, *KpV*, *AA* V, p. 97 ; *CRprat*, p. 212.
4. Kant, *KpV*, *AA* V, p. 100 ; *CRprat*, p. 216.
5. Kant, *KpV*, *AA* V, p. 102-103 ; *CRprat*, p. 220 : « On voit donc quelle est l'importance considérable de la séparation introduite dans la Critique de la

choses en soi et phénomènes[1], le double registre de causalité que suppose la philosophie pratique. Mais on peut rétor-
quer que le dualisme professé à l'occasion de l'examen de
la troisième antinomie (il existe, s'agissant de la liberté
transcendantale, deux point de vue antithétiques, que l'on peut
toutefois réconcilier en les faisant valoir sur deux plans hétérogènes) était plus convaincant que la solution suivant laquelle,
d'un seul tenant, la liberté serait dans le monde (liberté
pratique) et au-delà de lui (liberté transcendantale ou « ontolo-
gique »). C'est pourtant ce que soutient encore Kant dans la
troisième *Critique*. Après avoir rappelé la singularité du « fait
de la raison » en tant que (si je puis m'exprimer ainsi) preuve de
la liberté par les effets[2], il écrit ce qui suit :

> Parmi les trois idées pures de la raison (*Dieu*, la *liberté* et
> l'*immortalité*), celle de liberté est l'unique concept du supra-
> sensible qui démontre sa réalité objective (par l'intermé-
> diaire de la causalité qui est pensée en lui) à même la nature, à la
> faveur de l'effet qu'il lui est possible de produire en elle[3].

On peut toutefois se demander si le contenu même de la
philosophie morale de Kant ne résiste pas à cette manière
de voir. En effet, dans le cas d'un être fini, doté d'une volonté
qui est possiblement « pure », mais en aucun cas « sainte »[4],

---

raison spéculative pure entre le temps (et l'espace également) et l'existence des
choses en elles-mêmes ».

1. Kant, *KpV*, *AA* V, p. 110 ; *CRprat*, p. 217.

2. Voir Kant, *KU*, § 91, *AA* V, p. 468 ; *CJ*, p. 468 : « Mais – point qui est très
remarquable – il se trouve même parmi les faits une idée de la raison [...] ; et
c'est l'idée de la *liberté*, dont la réalité se peut montrer par des lois pratiques de
la raison pure et, conformément à celles-ci, dans des actions effectives, par
conséquent dans l'expérience ».

3. Kant, *KU*, § 91, *AA* V, p. 474 ; *CJ*, p. 475.

4. Sur la différence entre volonté pure (bonne) et volonté sainte, qui est au
fondement de la théorie de l'*impératif* catégorique, voir Kant, *Grundlegung*, *AA*

qu'est-ce exactement qui doit être soumis au test d'universalisation qu'est la « loi morale » ? Ce n'est pas l'*intention*
(*Absicht*), c'est-à-dire le but précis que je me propose de réaliser, mais, dans une perspective qu'on peut qualifier de
« cohérentiste », la *maxime* (règle d'action subjective) que
j'observe en formant cette intention, et en dernière analyse la
disposition d'esprit (*Gesinnung*) dans laquelle je me donne
cette maxime et sur laquelle se fonde l'intérêt désintéressé que
j'éprouve à contraindre ma volonté à se conformer à la loi
morale[1] : est-ce que je projette d'accomplir telle action, sans
doute conforme au devoir, en vue de certaines conséquences
escomptées[2], ou bien est-ce que je le fais par devoir, parce que
l'adoption de cette maxime est une obligation non seulement
pour moi mais pour tout sujet, en tout temps et en tout lieu ? Si
on suit cette ligne d'analyse, qu'est-ce qui fait qu'une action
m'est moralement[3] imputable ? Ce n'est pas son contenu

IV, p. 414 et 439 ; *Fondation, MM* 1, p. 88 et 122-123, et *KpV, AA* V, p. 32 ;
CRprat, p. 129.

1. Voir par ex. Kant, *KpV, AA* V, p. 79 ; *CRprat*, p. 190. La « disposition
d'esprit morale » est celle qui, en dépit des penchants et inclinations sensibles
qui « ont évidemment le premier mot » (*KpV, AA* V, p. 146 ; *CRprat*, p. 277),
me fait éprouver un *intérêt* à me conformer à la loi morale, donc à me
contraindre à suivre l'obligation que me dicte la raison pratique pure : « l'*intérêt
moral* est un intérêt indépendant des sens et pur, et qui est celui de la seule raison
pratique » (*KpV, AA* V, p. 79 ; *CRprat*, p. 190). Sur l'intérêt moral, voir aussi
Grundlegung, AA IV, p. 449 ; *Fondation, MM* 1, p. 135.

2. Sur le refus kantien du conséquentialisme (du « souci [exclusif]
des conséquences »), voir Kant, *Grundlegung, AA* IV, p. 402 ; *Fondation,
MM* 1, p. 72.

3. Moralement signifie ici : normativement, *i.e.* antérieurement à la
distinction entre droit et éthique. A propos des rapports entre morale, droit et
éthique, voir Kant, *MdS, Rechtslehre, AA* VI, p. 242 ; *Mœurs, Droit, MM* 2,
p. 30 : la « morale », en tant que « système des obligations en général », se divise
en doctrine du droit (doctrine des « obligations juridiques ») et doctrine de la
vertu (doctrine des « obligations éthiques »). Au demeurant, le tableau qui

matériel (son « objet » ou son propos direct) qui fait qu'une action est *mon* action, car ce contenu reste en tant que tel soumis au déterminisme des causes naturelles ; le fondement de l'imputabilité, compte tenu du fait que l'action réelle (sa « matière ») est irréductible aux raisons que je puis avoir de l'entreprendre, ne peut être que la *disposition d'esprit* dans laquelle je l'entreprends et le respect dont elle témoigne envers l'obligation morale inconditionnelle. Et cette disposition morale, lorsqu'elle est avérée, n'a rien d'un fait naturel, d'un « événement » ; elle est un « fait » normatif relevant entièrement de la sphère du *Sollen*. Quel rapport, en ce cas, la liberté morale attestée par cette disposition d'esprit et par la maxime qui la traduit a-t-elle avec la liberté transcendantale ou « nouménale » ? Ce rapport demeure à mon avis problématique. La liberté pratique entendue non pas comme liberté d'indifférence[1], comme pouvoir de choix « vide », mais comme capacité à conformer sa maxime à un principe d'obligation universel et rationnel, doit sans doute d'une certaine façon avoir pour « fondement » la liberté transcendantale (la spontanéité absolue) ; c'est pourquoi Kant écrit que *si* nous étions dotés d'un pouvoir d'intuition intellectuelle, « nous *verrions* que toute cette chaîne de phénomènes [...] dépend de la spontanéité du sujet comme chose en elle-même »[2]. Mais ce n'est précisément pas le cas, et selon la *Critique de la raison pure* cela ne peut pas l'être ; c'est pourquoi

> à défaut de cette intuition, la loi morale nous garantit cette
> distinction du rapport de nos actions comme phénomènes à

---

figure dans les éditions classiques à la fin de l'Introduction de la *Doctrine du droit*, est fautif : voir *infra*, chapitre trois, p. 115, note 1.

1. Pour la critique de la liberté d'indifférence, voir notamment Kant, *MdS*, Einleitung, *AA* VI, p. 226 ; *Mœurs*, Introduction, *MM* 1, p. 178.

2. Kant, *KpV*, *AA* V, p. 99 ; *CRprat*, p. 215.

l'être sensible de notre sujet, et du rapport par lequel cet être sensible lui-même est rapporté au substrat intelligible qui est en nous[1].

« La loi morale nous garantit » : il s'agit donc bien de la liberté *pratique*. Par conséquent, affirmer l'identité de la liberté transcendantale et de la liberté pratique ne risque-t-il pas, d'une certaine façon, de ressusciter indirectement cette intuition intellectuelle que la théorie kantienne de la connaissance proscrit absolument ? Une chose est sûre : ce n'est certainement pas ce que souhaite Kant !

L'ARBITRE ET LE LIBRE CHOIX DU MAL

Certains aménagements ultérieurs de la philosophie pratique kantienne, dont quelques uns sont décisifs, peuvent être regardés comme des tentatives de résolution de cette sérieuse difficulté. Je vais en évoquer deux, en laissant de côté, parce que je vais y revenir dans les deux prochains chapitres, la manière nouvelle dont Kant pose la question du rapport entre droit et éthique dans la *Métaphysique des Mœurs*, qui elle aussi a certaines conséquences importantes quant à sa conception de la liberté (en particulier parce qu'elle conduit à envisager les rapports entre « légalité » et « moralité » d'une manière différente de celle que l'on rencontre dans la *Grundlegung* et dans la deuxième *Critique*[2]).

La *Critique de la raison pratique* évoque en passant, pour l'écarter aussitôt comme « non nécessaire », l'hypothèse d'une

---

1. *Ibid.*

2. Comparer Kant, *KpV*, *AA* V, p. 71, 118 et 151-152 ; *CRprat*, p. 180, 241 et 281, et *MdS*, Einleitung, *AA* VI, p. 214 et 219 ; *Mœurs*, Introduction, *MM* 1, p. 163 et 169.

« constitution maligne (*arge Beschaffenheit*) » de la volonté qu'on pourrait forger en vue d'expliquer la méchanceté irrémédiable de certains « scélérats-nés »[1]. Cette hypothèse est écartée car elle compromettrait la conviction morale que « tout ce qui provient de l'arbitre de l'homme […] a pour fondement une causalité libre », et que par conséquent il n'est pas admissible d'invoquer la « nature » en vue d'atténuer la responsabilité d'un sujet qui, en dépit de toutes les circonstances qui contribuent à expliquer ce choix, a élu de mauvais principes. Or il se trouve que la première partie de *La religion dans les limites de la simple raison* reprend l'examen de cette hypothèse pour en offrir, avec la théorie du « mal radical », une interprétation novatrice. Je rappelle la définition de celui-ci :

> […] il existe en l'homme un penchant naturel au mal ; et ce penchant lui-même, parce qu'en fin de compte il faut qu'il soit cherché dans un libre arbitre, est moralement mauvais. Ce mal est radical, car il corrompt le fondement de toutes les maximes ; en même temps, en tant que penchant naturel, il ne peut être extirpé par des forces humaines, car ceci ne pourrait avoir lieu qu'au moyen de bonnes maximes, ce qui ne peut se produire quand le fondement subjectif suprême de toutes les maximes est présumé corrompu ; néanmoins, il faut qu'il soit possible de le surmonter, parce qu'il se rencontre en l'homme en tant qu'être qui agit librement[2].

Je n'ai pas la possibilité d'exposer ni de commenter pour elle-même cette analyse fameuse et les conséquences qui en sont tirées (le passage de l'état de nature éthique à l'état de communauté éthique et le « triomphe du bon principe » qui doit en résulter grâce aux préceptes d'une religion morale). Je veux simplement examiner les conséquences qu'elle a sur la

---

1. Kant, *KpV, AA* V, p. 99-100 ; *CRprat*, p. 216.
2. Kant, *Religion, AA* VI, p. 37 ; *Religion* fr, p. 105.

conception kantienne de la liberté. L'hypothèse d'un penchant naturel au mal est redoutable, car elle paraît compromettre la conviction de base suivant laquelle « la morale [...] est fondée sur le concept de l'homme en tant qu'être libre et qui se lie pour cela même, par sa raison, à des lois inconditionnées »[1]. Une fois écartée l'hypothèse trop forte et finalement confortable d'un arbitre *diabolique* chez lequel « l'opposition à la loi [morale] serait érigée en ressort »[2], comment concilier l'existence empiriquement vérifiable de ce penchant naturel au mal et la conviction philosophique suivant laquelle « le principe premier de l'admission de nos maximes se trouve toujours nécessairement dans le libre arbitre »[3].

Pour résoudre cette difficulté, Kant affine la notion d'arbitre (*Willkür*), en vue d'en définir la liberté (la *freie Willkür*) d'une manière qui permette de relever le défi que représente l'hypothèse du mal radical. Certes, cette distinction entre *Willkür* et *freie Willkür* n'est pas nouvelle[4] ; mais elle acquiert ici un sens différent. Faisons une première observation, d'ordre quantitatif. Précédemment, les notions de *Wille* et de *Willkür*, de volonté et d'arbitre, étaient pratiquement interchangeables, comme peut l'établir un rapide balayage de la *Grundlegung* et de la deuxième *Critique*. Dans la *Grundlegung*, le mot *Willkür* n'apparaît que deux fois, avec un sens identique à celui de la volonté, dont il est constamment question (à travers la thématique de l'autonomie de la volonté). Dans la *Critique de la raison pratique*, à quelques pages d'intervalle, Kant parle d'autonomie de la volonté, d'auto-

1. Kant, *Religion*, AA VI, p. 3 ; *Religion* fr, p. 67.
2. Kant, *Religion*, AA VI, p. 35 ; *Religion* fr, p. 103. J'adopte la traduction littérale proposée par J.-P. Fussler de *Triebfeder* par ressort.
3. Kant, *Religion*, AA VI, p. 22 ; *Religion* fr, p. 86.
4. Voir par exemple Kant, *KrV*, B 829-830 ; *CRp*, p. 656, et *KpV*, AA V, p. 32 ; *CRprat*, p. 129.

nomie de la raison pure pratique et d'autonomie de l'arbitre, comme si ces expressions étaient synonymes[1] ; de même, il est question de l'hétéronomie de l'arbitre[2], mais aussi de l'hétéronomie de la raison pratique[3]. Bref il semble que tous ces termes (volonté, libre arbitre, raison pratique) convergent vers le cœur de cible qu'est l'idée de *liberté rationnelle*. La *Religionsschrift*, au contraire, fait un usage très parcimonieux de la notion de volonté, et dans la plupart des cas c'est en référence à Dieu (lorsqu'il s'agit de la volonté divine) ; en revanche, la *Willkür* y est omniprésente. Tout se passe donc comme si, de 1785 à 1793, le centre de gravité de la philosophie pratique s'était *déplacé de la volonté vers l'arbitre* et vers les conditions de sa liberté (les « ressorts » et la « disposition d'esprit » appropriés), et comme si la première notion tendait à se confondre avec la raison pratique elle-même ; hypothèse que confirmera la *Métaphysique des Mœurs*.

Comment concilier, une fois qu'on l'a admise, l'existence d'un penchant naturel au mal, entendu comme mal radical, et l'absolue liberté de l'arbitre, sans laquelle il n'y a plus de moralité ? Une seule solution : considérer que c'est *librement* (arbitralement, ce qui ne veut pas dire arbitrairement) que le sujet se donne pour règle de formation de ses maximes, pour maxime *suprême* et pour ressort *ultime*, ce penchant au mal toujours présent en lui, en lieu et place de la loi morale elle-même qui est pour sa part (ou devrait être) le véritable ressort de l'adoption des maximes, en tant qu'elle dicte à l'homme moralement bon son obligation inconditionnelle vis-à-vis du bien. Il vaut la peine de citer intégralement le passage où Kant développe cette analyse :

1. Voir Kant, *KpV*, *AA* V, p. 33 *sq.* ; *CRprat*, p. 130 *sq.*
2. Kant, *KpV*, *AA* V, p. 33 ; *CRprat*, p. 130.
3. Kant, *KpV*, *AA* V, p. 43, 65 ; *CRprat*, p. 143, 171.

la liberté de l'arbitre a cette constitution toute particulière qui fait qu'elle ne peut être déterminée à l'action par aucun ressort, à moins que l'homme ne l'ait admis dans sa maxime (qu'il s'en soit fait une règle universelle suivant laquelle il veut se conduire) ; c'est ainsi seulement qu'un ressort, quel qu'il soit, peut se concilier avec l'absolue spontanéité (avec la liberté). Seulement la loi morale est pour elle-même un motif au jugement de la raison, et celui qui en fait sa maxime est moralement bon. Si toutefois la loi ne détermine pas l'arbitre de quelqu'un à une action qui se rapporte à cette loi, il faut qu'un ressort opposé ait de l'influence sur son arbitre ; et comme ceci, en vertu de la présupposition, ne peut avoir lieu que si l'homme admet ce ressort (donc le fait de s'écarter de la loi morale) dans sa maxime (auquel cas c'est un homme mauvais), sa disposition vis-à-vis de la loi morale n'est jamais indifférente (elle n'est jamais ni bonne ni mauvaise). [...] La disposition d'esprit, c'est-à-dire la raison subjective première de l'admission des maximes, ne peut être qu'unique et concerne de manière universelle l'usage entier de la liberté. Elle-même, cependant, il faut qu'elle ait été admise par libre arbitre, car sans cela elle ne pourrait pas être imputée. Toutefois, la raison subjective ou la cause de cette admission ne peut à son tour être connue (quoiqu'il soit inévitable de s'interroger là-dessus), car sinon il faudrait introduire de nouveau une maxime où aurait été admise cette disposition d'esprit, qui a son tour devrait avoir son fondement. Donc, comme nous ne pouvons pas déduire cette disposition d'esprit, ou plutôt son fondement ultime, de quelque acte temporellement premier de l'arbitre, nous la nommons une constitution (*Beschaffenheit*) naturelle de l'arbitre, lui revenant par nature (bien qu'elle soit en fait fondée sur la liberté)[1].

Ce texte indique bien à quel point *l'arbitre libre* (et non plus la « volonté libre ») est désormais la clef de voûte (pour

---

1. Kant, *Religion*, *AA* VI, p. 23-25 ; *Religion* fr, p. 88-91.

reprendre la fameuse expression de la deuxième *Critique*) de
la philosophie morale kantienne : c'est lui, et ultimement
lui seul, qui choisit – et ce choix ne saurait être indifférent – la
disposition d'esprit (« bonne » ou « mauvaise ») qui consiste à
adopter comme ultime raison d'agir, comme principe de cohé-
rence de l'ensemble de ses maximes subjectives et de « l'usage
entier de sa liberté », soit la loi morale, soit le « mauvais principe » qui réside par nature en nous. En quelque sorte, c'est au
second degré, en suivant ce que certains philosophes contemporains (Hart, Raz) nomment un principe de moralité critique,
ou encore une *second order reason*[1], que l'arbitre choisit
librement d'assumer ou de contrecarrer une « nature » bonne
ou mauvaise. Sans doute le penchant au mal est-il « inhérent à
la nature humaine » ; mais il ne lui est donné libre cours que s'il
est « accolé au pouvoir moral de l'arbitre »[2], de sorte que « ce
que l'homme est ou doit devenir du point de vue moral, bon ou
mauvais, il faut qu'il se fasse ou se soit fait tel lui-même »[3].
Mais alors, il convient de distinguer deux significations de la
liberté : l'arbitre de celui qui fait le « choix du mal » est libre au
sens où aucun facteur externe, fût-ce sa propre nature, ne le
contraint à faire ce choix ; mais il n'est pas libre si l'on entend
par liberté le fait de prendre la loi morale pour ultime raison
d'agir ou comme maxime suprême. Autrement dit, la liberté de
l'arbitre, sur laquelle il ne faut pas transiger, ne doit pas être
confondue avec la liberté rationnelle dont la *Grundlegung* et la
deuxième *Critique* font « l'unique principe de toutes les lois

---

1. Voir H. L. A. Hart, *Law, Liberty and Morality*, Stanford University
Press, 1963, p. 20 ; J. Raz, *Practical Reason and Norms*, Oxford University
Press, 1999, p. 39 *sq.*
2. Kant, *Religion*, *AA* VI, p. 31 ; *Religion* fr, p. 98.
3. Kant, *Religion*, *AA* VI, p. 44 ; *Religion* fr, p. 114.

morales »[1], même si elle est la condition permettant (éventuellement) d'y parvenir.

LIBERTÉ, VOLONTÉ, ARBITRE

Le pas ultime franchi par Kant dans sa réflexion sur la liberté et sur les diverses façons de la concevoir se situe dans la *Métaphysique des Mœurs* (on devrait aussi évoquer l'*Opus postumum*, mais il y faudrait un livre entier). Loin d'être le fait d'un auteur au bord de la sénilité, comme on l'a prétendu, il me semble que ce texte, en dépit de ses imperfections formelles, constitue l'aboutissement conséquent de cette réflexion. Je vais évoquer seulement deux points : l'identification entre volonté et raison pratique, et l'affirmation que seul l'arbitre (et non la volonté) peut être qualifié de libre.

Dans le prolongement de certaines indications de la *Critique de la raison pratique*[2] et surtout de la topographie des « pouvoirs » (ou facultés) de l'esprit (*Gemüt*) exposée dans l'Introduction de la *Critique de la faculté de juger*[3], l'Introduction de la *Métaphysique des Mœurs* construit l'arborescence de la faculté de désirer (*Begehrungsvermögen*), définie comme « faculté d'être, par ses représentations, cause des objets de ces représentations »[4]. Celle-ci se divise (selon un motif de provenance wolffienne) en une faculté inférieure (plaisir, désirs sensibles) et une faculté supérieure de désirer, qualifiée ici de « faculté de désirer selon des concepts ».

---

1. Kant, *KpV*, *AA* V, p. 33 ; *CRprat*, p. 130.

2. Voir Kant, *KpV*, *AA* V, p. 21-25 ; *CRprat*, p. 112-118.

3. Voir Kant, *KU*, *AA* V, p. 177-178 et 196-197 ; *CJ*, p. 155-157 et 176-177.

4. Kant, *MdS*, Einleitung, *AA* VI, p. 211 ; *Mœurs*, Introduction, *MM* 1, p. 159. Voir déjà *KpV*, *AA* V, p. 9, note ; *CRprat*, p. 96.

Et – c'est le point remarquable – la faculté de désirer selon
des concepts se divise en deux branches distinctes, dont
relèvent respectivement l'arbitre (*liberum* ou *brutum*), qui est
une forme du « pouvoir de faire ou de ne pas faire à son gré », et
la volonté[1]. Le principal enseignement de ce tableau est
évidemment que la volonté est d'une espèce distincte de celle
de l'arbitre, et qu'elle ne relève pas du « pouvoir de faire ou de
ne pas faire ». En quoi consiste alors la volonté ? Voici la
définition qui en est donnée :

> La volonté est la faculté de désirer considérée non pas tant
> (comme l'arbitre) en relation à l'action que bien plutôt dans sa
> relation à la raison qui détermine l'arbitre à l'action ; et elle n'a
> elle-même à proprement parler aucune raison déterminante,
> mais, dans la mesure où elle peut déterminer l'arbitre, *elle est la*
> *raison pratique elle-même*[2].

A vrai dire, cette dernière affirmation, très forte, n'est pas
entièrement nouvelle : incidemment, la *Grundlegung* et la
Critique de la raison pratique établissaient déjà une équivalence entre raison pratique et volonté[3]. Mais ici, la raison de
cette assimilation est fournie, en même temps que la caractéristique qui distingue spécifiquement *Wille* et *Willkür*. La
volonté n'est pas le choix d'une maxime d'action, mais ce
qui provoque ce choix, ou qui détermine l'arbitre à ce choix ;
elle est donc « la raison pratique elle-même », pour autant
que la fonction de celle-ci est de *déterminer* l'arbitre (le choix

---

1. Kant, *MdS*, Einleitung, *AA* VI, p. 213 ; *Mœurs*, Introduction, *MM* 1,
p. 161-162.

2. *Ibid.*

3. Voir Kant, *Grundlegung*, *AA* IV, p. 441 ; *Fondation*, *MM* 1, 125 : « la
raison pratique (la volonté) ». Voir aussi *KpV*, *AA* V, p. 55 ; *CRprat*, p. 158 :
« La réalité objective d'une volonté pure, ou, *ce qui est la même chose*, d'une
raison pratique pure, est donnée *a priori* dans la loi morale » (je souligne).

des maximes) conformément à sa propre loi fondamentale (le principe d'universalisation). Dès lors, la « volonté » n'est pas autre chose que la raison pure dans sa fonction normative, pratiquement législatrice. C'en est alors fini de l'opposition entre *ratio* et *voluntas* ; Hegel saura s'en souvenir.

La conséquence (inéluctable) de cette analyse est tirée quelques pages plus loin :

> De la volonté procèdent les lois ; de l'arbitre, les maximes. Ce dernier, chez l'homme, est un libre arbitre ; *la volonté*, qui ne porte sur rien d'autre que sur la loi, *ne peut être dite libre ou non libre*, parce qu'elle ne porte pas sur des actions, mais immédiatement sur la législation destinée aux maximes des actions (donc [elle est] la raison pratique elle-même) : par conséquent, elle est aussi tout simplement nécessaire et n'est susceptible d'aucune contrainte. Donc *seul l'arbitre peut être dit libre* [1].

« La volonté n'est ni libre ni non-libre » ; « la volonté est la raison pratique elle-même » ; « seul l'arbitre peut être dit libre ». De telles formulations, stupéfiantes eu égard à l'image du kantisme qui reste prédominante, me paraissent pourtant constituer l'aboutissement logique de la réflexion entreprise à partir de 1781 (et en réalité bien avant) sur la « nature » de la liberté. Nous rencontrons ici un Kant fleuretant dangereusement avec Spinoza par son rejet de la liberté de la volonté ; on pourrait sans peine lui faire dire à ce point que « l'arbitre est d'autant plus libre qu'il est plus déterminé » (par la volonté, *i. e.* par la raison pratique).

Pourtant, Kant se refuse à lever complètement l'équivoque et à choisir définitivement entre *les* concepts de liberté qu'il a eu besoin de mobiliser au cours de ses analyses (ou à préciser leur hiérarchie) : aussitôt après avoir émis les fortes sentences

---

1. Kant, *MdS*, Einleitung, *AA* VI, p. 226 ; *Mœurs*, Introduction, *MM* 1, p. 178.

qu'on vient de citer, et après avoir fait une distinction entre
arbitre phénoménal et arbitre nouménal qui, à mon sens, n'est
pas à la hauteur des analyses pénétrantes de la *Religionsschrift*,
il recourt de nouveau à un concept *normatif* de la liberté de
l'arbitre, qui peut s'expliquer à partir de la perspective de la
Religionsschrift, mais sans doute pas à partir des considérations précédentes. Kant écrit en effet :

> La liberté ne peut jamais consister en ce que le sujet rationnel
> puisse opérer un choix qui aille contre sa raison (législatrice) [1].

Sans doute, cela veut dire que la liberté de l'arbitre est – ce qui
paraît évident, d'ailleurs – indissociable du choix de la rationalité. Mais alors, il faut admettre qu'il y a bien deux sens
de cette liberté. L'arbitre est libre en un sens emphatique s'il
conforme ses maximes à la structure universalisante de la
rationalité. Mais il l'est en un autre sens, on le voit dans la
Religionsschrift, en ce que ce dont il fait choix ne peut être
imputé qu'à lui-même.

---

1. Kant, *MdS*, Einleitung, *AA* VI, p. 226 ; *Mœurs*, Introduction, *MM* 1,
p. 179.

CHAPITRE II

NORMATIVITÉ

> *Le fondement de l'obligation ne doit pas*
> *être cherché dans la nature de l'homme*
> *ou dans les circonstances du monde [...],*
> *mais uniquement* a priori, *dans les*
> *concepts de la raison pure* [1].

Après avoir déterminé la position (ou plutôt les positions successives, pas forcément identiques ni homogènes) de la question de la liberté dans la philosophie critique et la métaphysique kantienne, je me propose maintenant de dégager les caractères généraux de la théorie de la normativité (de la *raison* normative) qui est celle de Kant. Mon but est double. Tout d'abord, il s'agit d'établir dans le présent chapitre qu'il y a bien chez lui une théorie cohérente et stable de la normativité, alors même que la philosophie pratique kantienne, une fois acquises ses bases à peu près définitives, c'est-à-dire à partir de la *Fondation de la métaphysique des mœurs* de 1785, a connu comme on l'a noté des changements importants. Le but de cette théorie est, dirai-je, d'établir une véritable règle de reconnaissance de la validité normative, à savoir l'impératif

1. Kant, *Grundlegung, AA* IV, p. 389 ; *Fondation, MM* 1, p. 54.

catégorique, et grâce à cela de définir de façon uniforme le champ de la « métaphysique des mœurs ». Par la suite, il s'agira de montrer (principalement au chapitre suivant) que cette théorie peut aussi rendre compte de manière satisfaisante de la distinction, au sein du champ de la raison pratique ou normative, de deux formes autonomes d'exercice de celle-ci, correspondant au domaine de l'éthique et à celui du droit, distinction qui ne se confond pas comme on le croit parfois avec celle de la légalité et de la moralité, dont il sera question à la fin du présent chapitre.

DE LA NORMATIVITÉ

L'entreprise kantienne de refondation de la philosophie pratique a pour but principal d'établir que la raison *pure* dispose *en tant que telle* (*i. e.* indépendamment de tout ressort sensible et de tout élément d'empiricité) d'un pouvoir normatif, autrement dit du pouvoir d'édicter des impératifs qui ne sont ni hypothétiques problématiques (comme les « règles de l'habileté »), ni hypothétiques assertoriques (comme les « conseils de la prudence »), mais catégoriques apodictiques – disons : inconditionnels –, les « *commandements (lois)* de la moralité (*Sittlichkeit*) »[1]. On peut parler dès lors d'une « raison pratique » ou (mais la locution est explétive puisque « la raison pure seule est pratique par elle-même »[2]) d'une « raison pure pratique » ; toutefois, il ne faut pas oublier que celle-ci n'est

---

1. La distinction de ces *trois* types d'impératifs (de normes) est faite dans *Grundlegung, AA* IV, p. 413-416 ; *Fondation, MM* 1, p. 86-91. Voir la note 33 de la traduction Renaut (*MM* 1, p. 191-192), qui la présente sous la forme d'un tableau.

2. Kant, *KpV*, § 7 Folgerung, *AA* V, p. 31 ; *CRprat*, p. 128.

pas une faculté ou une capacité (*Vermögen*) distincte, mais plutôt un *usage* spécifique, normatif et non pas cognitif, de l'unique raison entendue comme «faculté des principes»[1], autrement dit comme capacité de produire des concepts universels susceptibles de *déterminer* par eux-mêmes le particulier structuré par les «règles» de l'entendement pur. Seule la raison, en effet, est susceptible de fournir des «connaissances synthétiques par concepts»[2]. Alors que les *Grundsätze* de l'entendement pur se bornent à énoncer les conditions non empiriques de la connaissance empirique[3], les *Prinzipien* rationnels[4] ne sont pas seulement des propositions universelles, ce sont des propositions universelles dont on peut tirer, hors de tout contexte empirique, des conséquences vraies, ou plus exactement valides (*gültig*), puisque ce ne sont pas des propositions cognitives, mais des normes d'action. Ce qui veut dire que, s'il y a des principes sous lesquels on puisse subsumer ou à partir desquels on puisse produire des normes d'action dont la validité peut être attestée, ces principes ne peuvent être le fait que de la seule raison *pure*. Autrement dit, et il faudra s'en souvenir : selon les prémisses de la philosophie kantienne, il n'est pas de rationalité normative fondée sur des circonstances empiriques ou dépendante d'elles, même si cette rationalité a bien des effets empiriques constatables,

---

1. Kant, *KrV*, B 356 ; *CRp*, p. 333.

2. Kant, *KrV*, B 357 ; *CRp*, p. 334.

3. Voir Kant, *KrV*, B 197 ; *CRp*, p. 236 : «les conditions de *la possibilité de l'expérience* en général sont en même temps les conditions de la *possibilité des objets de l'expérience*».

4. En réalité, la terminologie est plus fluctuante : Kant parle aussi, à l'occasion, de *Grundsätze* pratiques. Mais dans la mesure où la fonction et le champ d'application des principes (théoriques) de l'entendement pur sont essentiellement différents de ceux des principes de la raison pratique, il paraît utile de faire de la terminologie un usage plus systématique que Kant lui-même.

puisqu'elle permet de décréter par exemple que telle action est contraire au droit ou que telle maxime est conforme à l'éthique.

Toutefois, s'il peut être *vérifié* (on va indiquer comment), le pouvoir normatif de la raison, c'est-à-dire la capacité qu'elle a de produire ou de reconnaître par elle-même une structure normative universelle et obligatoire, ne peut être *expliqué*, comme le souligne déjà la *Grundlegung* :

> La raison outrepasserait toute ses limites dès lors qu'elle s'aviserait de s'*expliquer* comment une raison pure peut être pratique, ce qui se confondrait entièrement avec la tâche d'expliquer *comment la liberté est possible* [1].

En effet, sauf à enfreindre l'enseignement de la Dialectique transcendantale de la première *Critique*, il n'est pas possible de *démontrer* l'existence de ce pouvoir normatif, car une telle démonstration signifierait qu'il existe un domaine de connaissance supra-empirique, ou encore un usage qui ne soit pas seulement régulateur, mais bel et bien constitutif de la raison théorique [2]. Ce pouvoir ne peut donc être que vérifié ou constaté, c'est-à-dire d'abord reconnu par le sujet en lui-même sur le mode du « c'est ainsi », avant d'être objectivé et institutionnalisé, au moins dans le cas du droit.

Cette constatation correspond, dans la *Critique de la raison pratique*, à la doctrine (qui, au demeurant, est loin d'être

---

1. Kant, *Grundlegung, AA* IV, p. 458-459 ; *Fondation, MM* 1, p. 148.

2. A propos de la différence entre usage régulateur et usage constitutif des idées de la raison pure (spéculative), voir l'Appendice de la Dialectique transcendantale de la *Critique de la raison pure* : *KrV*, B 670 *sq.* ; *CRp*, p. 559 *sq.* Un usage constitutif des idées transcendantales (l'âme, le monde, Dieu) serait tel que « par là les concepts de certains objets seraient donnés » ; l'usage régulateur de ces idées est en revanche « excellent et nécessaire », car il « oriente l'entendement vers un certain but en vue duquel les lignes directrices de toutes ses règles convergent en un point » (*KrV*, B 672 ; *CRp*, p. 560-561).

transparente) du « fait de la raison » (*Faktum der Vernunft*). Il existe dans l'ouvrage de 1788 sept occurrences de cette expression énigmatique, qu'il n'est pas facile de ramener à un seul et même patron, puisque c'est tantôt la conscience de la loi morale, tantôt la loi morale elle-même qui est présentée comme le « fait unique de la raison pure »[1], un fait « absolument inexplicable »[2] dans lequel « la raison pure s'atteste en nous comme actuellement pratique »[3] Il vaut la peine de citer le passage dans lequel, après avoir formulé la « loi fondamentale de la raison pratique pure », c'est-à-dire le « principe U », Kant introduit cette notion :

> On peut appeler la conscience de cette loi fondamentale un fait de la raison, parce qu'on ne peut pas finasser pour la déduire de données antérieures de la raison, par exemple de la conscience de la liberté (car celle-ci ne nous est pas donnée auparavant), mais parce qu'elle s'impose à nous par elle-même comme proposition synthétique *a priori*, qui n'est fondée sur aucune intuition, ni pure, ni empirique[4].

Je comprends pour ma part ce passage de la façon suivante. Le fait de la raison est la conscience immédiate et purement rationnelle (car cette idée, ne pouvant s'appuyer sur aucune intuition, est à strictement parler inintelligible) de ce que la *normativité* (le critère de l'universalisabilité) s'impose à nous comme une structure formelle coextensive à tout exercice de la raison. « Il y a des normes », ou mieux : « il y a du normatif », tel est le « fait » qui est constitutif de l'usage pratique de la raison et de la raison elle-même ; et il s'agit, paradoxalement, d'un fait non « factuel », dépourvu de toute teneur empirique (la

1. Kant, *KpV*, *AA* V, p. 31 ; *CRprat*, p. 128.
2. Kant, *KpV*, *AA* V, p. 43 ; *CRprat*, p. 142.
3. Kant, *KpV*, *AA* V, p. 42 ; *CRprat*, p. 141.
4. Kant, *KpV*, *AA* V, p. 31 ; *CRprat*, p. 127.

capacité normative ne s'intuitionne pas) et irréductible à toute
inférence discursive (elle ne se démontre pas). Le fait de la
raison signifie que la raison pure ne peut s'éprouver elle-même
autrement que comme un pouvoir normatif et évaluatif, un
pouvoir qu'elle « constate » en elle et auquel elle s'identifie en
entérinant *comme si* c'était un fait la différence irréductible du
Sollen et du *Sein*, du devoir-être et de l'être[1]. Bien entendu,
cette structure normative va devoir, sauf à demeurer virtuelle,
s'appliquer à une matière et elle va donner lieu à des inférences
(à des jugements) ; mais, et c'est toute la différence avec le
fonctionnement des opérations cognitives, qui supposent que
cette matière soit donnée indépendamment du travail caté-
gorial que l'entendement accomplit sur elle, la structure de la
normativité précède la matière à laquelle elle va s'appliquer
(les maximes d'action) et en est totalement indépendante. Le
fait de la raison n'est donc pas autre chose que la désignation
(paradoxale) de cette propriété qu'a la raison pure d'être
immédiatement normative, par elle-même et pour elle-même :
« pour sa législation, il est requis que [la raison] n'ait besoin de
présupposer qu'*elle-même* »[2].

Cette capacité normative, ce pouvoir de discriminer ce qui
est « bien » de ce qui est « mal » (cette terminologie sommaire a
évidemment besoin d'être raffinée), la raison en reconnaît
donc l'existence et la validité *par elle-même* (en tant que
raison *pure*) grâce au test d'universalisation que constitue la

---

1. À plusieurs reprises, Kant indique que la loi morale (ou la conscience de
la loi morale) se donne au sujet « en quelque sorte comme un fait » : voir *KpV*,
AA V, p. 47, 55, 91, 104 ; *CRprat*, p. 148, 158, 205, 222. Il aurait donc souscrit à
ce jugement de Kelsen : « la différence entre *Sein* et *Sollen* ne peut pas être
expliquée davantage. Elle est donnée à notre conscience de façon immédiate »
(*Théorie pure du droit*, 2e éd., trad. Eisenmann, Paris, LGDJ/Bruylant,
1999, p. 14).

2. Kant, *KpV*, *AA* V, p. 20 ; *CRprat*, p. 111.

loi fondamentale de la normativité (le «principe U»). Elle constate l'existence d'une structure normative à laquelle doit être soumise toute proposition pratique (toute maxime d'action) : sera validée par la raison toute proposition normative dont on est dans la nécessité de reconnaître qu'elle est universalisable. Rappelons à ce propos la définition canonique que la *Grundlegung* donne de l'impératif catégorique :

> Il n'y a donc qu'un unique impératif catégorique, et c'est celui-ci : Agis seulement d'après la maxime grâce à laquelle tu peux vouloir en même temps qu'elle devienne une loi universelle [1].

Dans la *Critique de la raison pratique*, la « loi fondamentale de la raison pure » reçoit une formulation très proche :

> Agis de telle sorte que la maxime de ta volonté puisse toujours valoir en même temps comme principe d'une législation universelle [2].

La loi fondamentale de la raison pure pratique (qui prend la forme d'un impératif ou d'un commandement pour tout être qui n'est pas purement rationnel, qui est, comme l'homme, affecté par des impulsions sensibles susceptibles de contre-

---

1. Kant, *Grundlegung*, AA IV, p. 421 ; *Fondation*, MM 1, p. 97. Cette formulation nette devrait permettre de trancher le débat oiseux sur le caractère unique ou non de l'impératif catégorique. Bien que la *Grundlegung* en donne trois (ou quatre) formulations, et qu'il arrive à Kant de parler *des* impératifs catégoriques, il est constant qu'il ne peut y avoir qu'un seul et unique impératif catégorique, puisqu'il s'agit simplement de la structure formelle de toute proposition normative ; mais cette structure est évidemment susceptible de diverses présentations. Kant est d'ailleurs parfaitement clair sur ce point : « Les trois façons mentionnées de se représenter le principe de la moralité ne sont en fait, au fond, qu'autant de formules d'une seule et même loi » (*Grundlegung*, AA IV, p. 436 ; *Fondation*, MM 1, p. 118).

2. Kant, *KpV*, § 7, AA V, p. 30 ; *CRprat*, p. 126.

carrer les injonctions normatives de la raison et dont la volonté n'est pas sainte, arrimée au Bien, mais néanmoins susceptible d'être pure, ordonnée au Bien[1]) n'a donc pas pour fonction de prescrire ce que l'on doit faire ou ce dont on doit s'abstenir, mais de définir la condition à laquelle tout projet d'action, quelle que soit sa source, doit satisfaire pour être reconnu comme normativement valide (« bon »).

Ceci permet à mon sens de trancher un débat que j'ai jusqu'ici laissé ouvert : la raison pratique est-elle un pouvoir d'*édicter* des normes d'action ou seulement de *reconnaître* leur validité ? Il paraît désormais clair que la deuxième solution est la bonne (et, ajouterai-je, la plus féconde dans la perspective d'une théorie de la normativité). La tâche propre de la raison pratique pure n'est pas de produire à l'aide de ses seules ressources des normes d'action dotées d'un contenu déterminé (d'une « matière ») ; elle est de fournir un *instrument d'évaluation* de la validité, donc d'une certaine manière de l'être ou de l'existence[2], de propositions normatives dont le contenu « matériel » est en quelque sorte donné indépendamment de la forme rationnelle qui fait seule leur validité. La chose est à première vue surprenante : ni la *Grundlegung*, ni la deuxième *Critique* ne répondent directement et explicitement la question de savoir si la raison est capable produire par elle-même des normes dotées d'un contenu déterminé. Mais c'est parce que, dans la perspective de Kant, la question du contenu des normes (juridiques ou éthiques) est sinon secondaire, du moins seconde ; il s'agit bien plutôt de savoir si la raison pure peut nous donner une raison suffisante et nécessitante de

1. Voir, pour cette distinction Kant, *Grundlegung*, AA IV, p. 404-405 ; *Fondation*, MM 1, p. 74-76.

2. Voir H. Kelsen, *Théorie pure du droit*, p. 18 : « par validité, nous désignons le mode d'existence spécifique des normes ».

reconnaître la validité de tel ou tel contenu normatif fourni par ailleurs. Mais comment l'est-il donc ? Il me semble que la réponse à cette question est offerte par la référence insistante qui est faite, dans la *Grundlegung* aussi bien que dans la *Critique de la raison pratique*, à ce que Kant nomme tour à tour « l'entendement commun », la « raison commune », le « jugement commun de la raison », « l'usage commun de la raison », ou encore la « saine raison »[1]. Le sujet moral n'a pas à découvrir *ex nihilo* le contenu des normes auxquels ses maximes doivent s'ordonner ; ces contenus normatifs (ou, plus précisément, ces *motions* normatives) sont pour ainsi dire à sa disposition, déposés qu'ils sont dans ce qu'on peut nommer une *raison publique* ; j'oserais presque dire dans le sens moral commun, n'était la critique à laquelle la deuxième *Critique* soumet le « sentiment moral » qui, comme tout principe « matériel », est nécessairement source d'hétéronomie[2]. Cette raison publique peut être incarnée par exemple par le législateur ou par l'opinion publique, dont les maximes ont toujours besoin d'être soumises à l'épreuve rationnelle de l'universalisabilité. S'il n'y a pas hétéronomie, c'est parce que ce réseau de contenus normatifs publics a son principe de validité hors de lui, dans la simple forme de l'universalité rationnelle. La publicité des normes reste distincte de leur rationalité, même si la raison n'est pleinement elle-même qu'en se faisant raison publique.

Tout ceci montre la vanité de la discussion éculée sur le « formalisme » de la philosophie morale de Kant, déjà évoquée au début de ce livre. Ce formalisme – revendiqué, mais en un

---

1. Voir, entre autres passages, Kant, *Grundlegung*, *AA* IV, p. 402, 404, 439 ; *Fondation*, *MM* 1, p. 71, 74, 75, 122, et *KpV*, *AA* V, p. 52, 91 ; *CRprat*, p. 155, 205.

2. Voir Kant, *KpV*, *AA* V, p. 40-41 ; *CRprat*, p. 139-141.

sens bien précis – n'a rien de répréhensible ni de restrictif, dès
lors que la fonction de la raison ne consiste en rien d'autre qu'à
faire subir aux candidats au statut de proposition normative
(dans la conscience du sujet, ce sont des « maximes » définissant des règles d'action, du type « je me donne pour règle de
faire x ») l'épreuve d'un test permettant d'établir de manière
apodictique leur validité, c'est-à-dire de montrer qu'ils sont
bien susceptibles de constituer des normes. Ce test porte non
pas sur leur contenu, évidemment variable et empiriquement
conditionné, mais sur leur forme, plus précisément sur leur
quantité : est une norme d'action rationnellement valide celle
dont le contenu est susceptible d'être affirmé sous forme d'une
proposition déontique universelle du type : « quels que soient
le temps, le lieu et les circonstances, tout sujet doit se prescrire
pour règle de faire x ».

Il faut donc se garder de croire que Kant entendrait, à partir
du « principe unique de toutes les lois morales et des devoirs
conformes à ces lois »[1], l'autonomie de la volonté ou plutôt la
structure formelle de l'auto-législation, engendrer toutes les
normes d'action quant à leur contenu déterminé, c'est-à-dire
prétendrait que l'on puisse *déduire* de ce principe, sur un mode
cognitif, un système d'obligations déterminées. L'autonomie
de la volonté, « propriété que possède la volonté d'être pour
elle-même une loi (indépendamment de toute propriété des
objets du vouloir) »[2], n'est pas la source des normes ; elle est
seulement la source du caractère obligatoire (*Verbindlichkeit*)
qu'elles présentent lorsqu'elles sont valides. Dès lors, l'unique
question à laquelle répond la *Critique de la raison pratique* est
la suivante : l'obligatoriété des normes d'action peut-elle avoir
un fondement exclusivement rationnel, et par conséquent être

---

1. Kant, *KpV*, § 8, *AA* V, p. 33 ; *CRprat*, p. 130.
2. Kant, *Grundlegung*, *AA* IV, p. 440 ; *Fondation*, *MM* 1, p. 123.

indépendante de tout élément de nature empirique ? La réponse
– positive – qui lui est apportée est la théorie de l'impératif
catégorique et de l'autonomie de la volonté. Je note en passant
que l'expression « autonomie de la volonté », omniprésente
dans la *Grundlegung*, est (sauf au § 8 du premier chapitre[1])
beaucoup plus rare dans la *Critique de la raison pratique*, où il
est plus souvent question d'autonomie de la raison pratique
(pure), y compris dans ce même passage ; et elle disparaît complètement de la *Métaphysique des mœurs*, où il n'est question
que deux fois d'autonomie, mais dans les deux cas à propos de
la raison pratique[2] (à laquelle, il est vrai, Kant tend désormais à
identifier à la volonté). On constate donc une raréfaction de ce
motif, qui n'est certainement pas sans rapport avec la recon-
figuration de la relation raison-volonté-arbitre dont il a été
question au premier chapitre.

Quoi qu'il en soit, en faisant de l'auto-législation
rationnelle « la condition *formelle* de toutes les maximes »[3], la
Critique de la raison pratique pose que c'est la forme universelle de la légalité (le « principe U ») qui permet seule de
distinguer une *loi* pratique (« il faut vouloir x ») et un précepte
hypothétique et conditionnel (« pour obtenir x, il faut vouloir

---

1. Kant, *KpV*, § 8, *AA* V, p. 33 ; *CRprat*, p. 130 : « l'*autonomie* de la volonté
est l'unique principe de toutes les lois morales et des obligations conformes à
ces lois ». Voir à propos de cette notion d'autonomie les précisions de
J.-P. Fussler à la note 100 de sa traduction (*CRprat*, p. 330-332).

2. Voir Kant, *MdS*, *Tugendlehre*, Einleitung, AA VI, p. 383 ; *Mœurs*,
Vertu, Introduction, *MM* 2, p. 223, et *MdS*, *Tugendlehre*, § 52 ; *Mœurs*, *Vertu*,
MM 2, p. 357. Le premier de ces passages fait d'ailleurs de l'autonomie rationnelle la propriété d'être finis « faisant preuve de sainteté » (là où la *Grundlegung*
parlait de « volonté sainte ») ; en revanche, une doctrine de la vertu, s'appliquant
à des êtres chez qui « la moralité [...] ne peut être rien de plus que vertu » (car ils
peuvent seulement *aspirer* à la sagesse), « contient une *autocratie* de la raison
pratique ».

3. Kant, *KpV*, § 8, *AA* V, p. 33 ; *CRprat*, p. 130. Je souligne.

y »), qui n'est qu'une règle technico-pratique. Donc, de même
que la *Critique de la raison pure* ne visait pas à produire des
connaissances relatives à tel ou tel type d'objet (empirique ou
méta-empirique) mais à définir les conditions générales de
vérité d'un discours portant sur une objectivité quelconque, de
même la *Critique de la raison pratique* a pour tâche non pas de
produire les normes de l'action bonne (elles sont fournies par
la raison publique), mais de fournir le principe même de leur
obligatoriété : l'*universalisabilité*.

LA « RÈGLE DE RECONNAISSANCE » KANTIENNE

Mais sur quoi exactement, dans la maxime subjective,
doit porter ce test d'universalisation rationnelle qu'est la
« loi morale » ? Il ne s'applique pas à l'intention (*Absicht*),
autrement dit au but concret de l'action que l'agent se donne
pour règle d'accomplir, mais à la « disposition d'esprit »
(*Gesinnung*) dans laquelle il se trouve lorsqu'il se propose
(telle est sa « maxime ») d'agir conformément à une certaine
règle, dont il s'agit alors d'éprouver la validité[1]. Ce qui, dans
ma maxime, doit être universalisable, ce n'est pas le but
intentionnel qui est le mien mais, si l'on veut, l'état d'esprit
dans lequel je me trouve lorsque je me prescris de poursuivre
ce but. C'est ce qu'indique en toute clarté ce passage de la
Grundlegung :

> Une action accomplie par obligation tient sa valeur morale non
> pas du *but* qui doit être atteint par elle, mais de la maxime
> d'après laquelle elle est décidée ; cette valeur ne dépend donc

---

1. La traduction de *Gesinnung* par « intention » (Delbos, Picavet, Renaut)
me paraît donc devoir être évitée. J'écarte aussi, pour d'autres raisons,
« résolution » (Fussler).

pas de la réalité de l'objet de l'action, mais uniquement du *principe du vouloir* d'après lequel l'action est accomplie sans qu'aucune attention soit portée aux objets de la faculté de désirer[1].

C'est donc un contresens (il a été parfois commis) de définir l'éthique de Kant comme une « morale de l'intention ». Ce n'est pas l'intention que j'ai de rendre ou de ne pas rendre le dépôt qui m'a été confié qui fait le caractère moral ou immoral de ma maxime d'action, c'est le caractère « formellement » universalisable (ou non) de la *Gesinnung* dans laquelle je me trouve lorsque je me donne pour règle de restituer ou de ne pas restituer ce dépôt. C'est cette qualité seconde, si j'ose dire, de l'action qui doit pouvoir être universalisée. Ceci montre clairement, selon moi, que dans l'entreprise d'établissement critique du pouvoir normatif de la raison pure, ce ne sont pas *les normes* qui sont en cause (elles sont d'une certaine façon toujours déjà présentes dans ce que j'ai nommé la raison publique), mais *la normativité* comme telle, c'est-à-dire la structure « formelle » ou *a priori* des propositions déontiques.

La raison peut-elle par elle-même faire *plus* que ce dont la deuxième *Critique* montre qu'elle est éminemment et seule capable : établir la validité de propositions normatives, autrement dit l'universalisabilité de leur maxime ? Peut-elle de surcroît *produire* par elle-même des normes d'action, ou à tout le moins formuler les règles de formation de telles normes rationnelles ? Peut-il y avoir, en d'autres termes, des normes qui ne soient pas seulement reconnues par la raison, mais qui soient des normes en elles-mêmes rationnelles ? Cette demande se situe à un niveau très élevé d'exigence par rapport à la rationalité, du moins telle que l'entend Kant. Une comparaison avec le domaine théorique (cognitif) le montre

1. Kant, *Grundlegung, AA* IV, p. 399-400 ; *Fondation, MM* 1, p. 68.

clairement. Il ne s'agit nullement, dans la *Critique de la raison pure*, de produire un savoir rationnel d'objets non empiriques comme ceux de la *metaphysica specialis* : l'âme, le monde, Dieu. On sait bien, au contraire, que le principal résultat de la *Critique* est l'impossibilité de toute métaphysique spéculative, celle-ci devant laisser la place à une métaphysique de la nature et à une philosophie pratique transcendantale ou métaphysique des mœurs[1]. Poser la question de la possible production par la raison de normes d'action déterminées revient donc à attendre de son usage pratique/normatif *bien plus* que de son usage théorique, attente qui n'est d'ailleurs pas forcément infondée.

La question : la raison *connaît*-elle ou *reconnaît*-elle les normes ?, a indirectement partie liée, au fond, avec la discussion ancienne relative au rapport entre la doctrine kantienne et le droit naturel et au type de jusnaturalisme («formaliste», dans le vocabulaire de Hegel[2]) que cette doctrine peut représenter. En termes contemporains, cette question peut conduire à se demander s'il existe, à partir des prémisses kantiennes, un passage possible d'une conception procédurale à une conception cognitiviste de la raison pratique. Passage qui fait évidemment difficulté, mais dont la question se pose aussi bien à propos des textes kantiens que dans leur réception ultérieure ; je pense ici en particulier à l'éthique communicationnelle et à la controverse entre Apel et Habermas sur la nature «transcendantale» ou «pragmatique» de ses présuppositions[3]. Un des

---

1. Voir Kant, *KrV*, B 873-879 ; *CRp*, p. 681-685.

2. Voir Hegel, *Über die wissenschaftlichen Behandlungsarten des Naturrechts*, Werke 2, p. 453 *sq.* ; *Des manières de traiter scientifiquement du droit naturel*, trad. B. Bourgeois, Paris, Vrin, 1972, p. 29 *sq.*

3. Voir (entre autres textes) d'une part J. Habermas, *Théorie de l'agir communicationnel*, t. 1, *op. cit.*, p. 283 *sq.* («Première considération intermédiaire ») et *Morale et communication*, *op. cit.*, p. 63 *sq.* ; et d'autre part

aspects de la discussion est le suivant : le test d'universalisation qu'énonce la loi fondamentale de la raison pure
pratique s'applique-t-il seulement à la *maxime* de l'action, à
savoir à la « règle que l'agent se donne à lui-même comme
principe pour des raisons subjectives »[1], ou peut-il aussi être
appliqué à la teneur « objective » des propositions normatives ?
Kant, de manière explicite, choisit clairement la première
option ; mais il me semble que lui-même et ceux qui se
réclament de lui opèrent souvent tacitement un passage de la
première interprétation à la deuxième. Or elles correspondent à
des orientations clairement différentes en matière de philosophie morale. Il me semble que la lecture cognitiviste de la
philosophie pratique kantienne[2] suppose un tel passage.

Quoi qu'il en soit, un résultat ressort clairement des
principaux textes de Kant sur la question de la structure
systématique de la philosophie transcendantale, à savoir le
chapitre « Architectonique de la raison pure » de la *Critique de
la raison pure* et l'Introduction de la *Critique de la faculté
de juger*, en ses deux versions : bien que les pouvoirs ou les
capacités (*Vermögen*) de l'esprit[3] soient au nombre de trois :
l'entendement, la raison et la faculté de juger (d'où les
trois *Critiques*), la philosophie, en tant que « connaissance
rationnelle par [simples] concepts », ne comporte et ne peut
comporter que *deux* branches, la philosophie *théorique* et la

---

K. O. Apel, *Discussion et responsabilité*, t. 1, Paris, Cerf, 1996, et *Penser avec
Habermas contre Habermas*, Paris, Éd. de l'Eclat, 1990.

1. Kant, *MdS*, Einleitung, *AA* VI, p. 225 ; *Mœurs*, *MM* 1, p. 177.

2. Voir J. Habermas, *Morale et communication*, *op. cit.*, p. 84 : « toutes les
éthiques cognitivistes se rattachent à l'intuition exprimée par Kant dans
l'impératif catégorique ».

3. Je contourne ici la difficulté – réelle, car elle engage des choix
d'interprétation globale – que représente la traduction du terme *Gemüt* utilisé
pour nommer le « substrat » commun aux trois facultés.

philosophie *pratique* ; et leur partie pure mérite d'être nommée dans un cas métaphysique de la nature et dans l'autre métaphysique des mœurs[1]. Kant précise d'ailleurs que seules relèvent de la philosophie pratique proprement dite les propositions qui « donnent une loi à la liberté », en d'autres termes les propositions normatives, « moralo-pratiques » ; celles qui ont à l'égard de l'action une fonction descriptive, cognitive ou instrumentale (tel est le cas des propositions « technico-pratiques » que sont les « règles de l'habileté » et les « conseils de la prudence »), relèvent, bien qu'elles aient la pratique (l'action) pour objet, du domaine de la *théorie*, tout comme l'arpentage ou la psychologie appliquée[2]. Le champ de la philosophie pratique correspond donc exactement et exclusivement à celui des lois de la liberté, ces « lois formelles » qui « ne font nulle référence préalable ni à des fins, ni à des intentions »[3].

On peut noter, à l'appui de ce qui précède, que lorsqu'il justifie l'entreprise (non prévue dans les écrits systématiques antérieurs) d'une *troisième* critique, Kant fait exclusivement référence à des problèmes qui concernent la philosophie théorique et la métaphysique de la nature, comme celui de la possible existence et du statut d'une « légalité du contingent » ou d'une « légalité sans loi »[4]. A aucun moment cette introduction d'une critique du pouvoir de juger n'est justifiée par rapport aux tâches de la philosophie pratique, car celle-ci concerne exclusivement le pouvoir normatif qu'a la raison

---

1. Voir Kant, *Grundlegung*, *AA* IV, p. 388 ; *Fondation*, *MM* 1, p. 52.

2. Voir Kant, *Erste Einleitung*, *AA* XX, p. 199-201 ; *Première Introduction*, p. 14-19.

3. Kant, *KU*, *AA* V, p. 173 ; *CJ*, p. 152.

4. Pour ces expressions, voir respectivement Kant, *Nachlass*, *AA* XX, p. 204 (« légalité contingente ») et 217 (« la finalité est une légalité du contingent en tant que tel »), et Kant, *KU*, *AA* V, p. 241 ; *CJ*, p. 221.

de *déterminer* la particularité des maximes d'action selon une légalité formelle et universelle. En particulier, on peut constater en confrontant la *Métaphysique des Mœurs* et les écrits de philosophie pratique antérieurs à la troisième *Critique* (la *Fondation* et la *Critique de la raison pratique*) que la philosophie pratique pure n'est aucunement affectée en son contenu par l'introduction de la thématique du jugement réfléchissant (qu'il soit de goût ou de finalité); ceci dit à l'encontre des interprétations arendtiennes (ou lyotardiennes) de la philosophie pratique, et en particulier de la philosophie politique kantienne, en laquelle on cherche parfois à voir un exercice de la faculté de juger réfléchissante[1]. Or, chez Kant, c'est seulement par rapport à une *nature* que peut se poser le problème d'une éventuelle légalité du contingent, objet de la faculté de juger réfléchissante. Les obligations pratiques, quant à elles, ont dans la *raison pure* seule, qui est «pratique par elle-même», l'origine de leur obligatoriété: elles illustrent le pouvoir qu'a celle-ci de soumettre l'arbitre (*Willkür*) aux lois d'une volonté (*Wille*) rationnelle qui, «dans la mesure où elle peut déterminer l'arbitre, est la raison pratique elle-même»[2]. S'il est vrai que le pouvoir de juger occupe une position intermédiaire entre philosophie théorique et philosophie pratique, entre lesquelles il assure un passage (*Übergang*)[3], car il permet de comprendre subjectivement la coexistence en elle-même

1. Voir H. Arendt, *Conférences sur la philosophie politique de Kant*, dans *Juger. Sur la philosophie politique de Kant*, Paris, Seuil, 1982, p. 21-117; J.-F. Lyotard (*et alii*), *La faculté de juger*, Paris, Minuit, 1989.

2. Kant, *MdS*, Einleitung, *AA* VI, p. 213; *Mœurs*, Introduction, *MM* 1, p. 162. On a déjà commenté au premier chapitre cette étonnante identification de la volonté et de la raison pratique.

3. À propos de cette notion importante, voir R. R. Terra, «Note sur le concept de passage dans la pensée de Kant», dans I. Schüssler (dir.), *Années 1793-1803. Kant, Opus postumum*, Paris, Vrin, 2000, p. 83-91.

inintelligible de la nature et de la liberté, la thématique du
jugement réfléchissant n'affecte en rien la structuration du
champ pratique lui-même. Il y a à cela de bonnes raisons.

Les observations précédentes contribuent à clarifier le
problème, à tous égards délicat, de l'architecture d'ensemble
du système : comment concilier la triplicité des pouvoirs de
l'esprit et la dualité du champ de la philosophie, réaffirmée
dans l'Introduction de la troisième *Critique* ? Elles peuvent
aussi nous mettre sur la voie d'une éventuelle unification du
champ du pensable, qui se ferait alors sous le chef du connaître.
On peut lire en effet dans la première Introduction de la
Critique de la faculté de juger l'observation suivante :

> L'ensemble des pouvoirs de l'esprit se laisse ramener aux
> trois suivants : pouvoir de connaître ; sentiment de plaisir et de
> déplaisir ; pouvoir de désirer. Mais au fondement de l'exercice
> de tous ces pouvoirs on trouve toujours le pouvoir de connaître,
> bien qu'il n'y ait pas toujours connaissance (car une représen-
> tation qui relève du pouvoir de connaître peut également être
> intuition, pure ou empirique, sans concept)[1].

Cette observation éclaire indirectement l'usage que fait
parfois Kant d'une expression à première vue énigmatique comme celle de « connaissance pratique » (*praktische
Erkenntnis*). Elle est énigmatique, car il n'est à proprement
parler de connaissance que dans le champ théorique ; dans le
champ pratique, on a affaire non à des *connaissances* (propositions descriptives d'états de choses) mais à des *normes*
(propositions déontiques). Ne peut être considéré comme
relevant de la connaissance que le jugement (déterminant)
consistant à dire que tel cas doit être subsumé sous telle norme
(« cet acte est un vol ») ; or ce jugement, tout en impliquant la

---

1. Kant, *Erste Einleitung, AA* XX, p. 245 ; *Première Introduction*, p. 76.

référence à une norme (celle qui qualifie et proscrit le vol), n'est pas normatif, mais descriptif[1]. Toutefois si l'on englobe aussi sous le vocable « connaissance » (*Erkenntnis*) la *reconnaissance* de la validité de normes données d'une façon ou d'une autre, la remarque précitée prend tout son sens. Dans le domaine théorique (celui de la connaissance *stricto sensu*) comme dans le domaine pratique (celui des normes d'action), il s'agit toujours, pour la philosophie transcendantale, de définir les conditions *a priori* qui permettent de connaître ou de reconnaître ce qui confère à certaines propositions le statut de « connaissances » (vraies dans un cas, valides dans l'autres). De là peut-être le primat du connaître dans les deux domaines que comporte la philosophie : sa position, selon une image dont Kant est friand, est analogue à celle du *législateur* dans l'édifice constitutionnel. Que l'on se situe dans le domaine de l'entendement pur ou dans celui de la raison normative (ou même dans la zone intermédiaire du jugement esthétique et du jugement de finalité), il s'agit toujours de (re)connaître la validité de *jugements* (jugements de connaissance, jugements normatifs, jugements téléologiques ou de goût). Pour ce qui est, en particulier, du domaine de la raison pratique (normative), il est patent que ce que procure la philosophie n'est pas un stock de « bonnes » normes (il faut faire ceci, s'abstenir de faire cela, *etc.*), autrement dit une « éthique matérielle »[2], mais un critère d'évaluation de propositions normatives données

1. Cette affirmation doit être nuancée lorsqu'on prend en considération le contexte d'usage de cet énoncé. Si, apprenant le prix d'un objet que je convoite, je m'exclame : « C'est du vol ! », le jugement est de toute évidence normatif. Mais si la phrase « C'est un vol » est prononcée par un policier ou un juge, elle a s un caractère à la fois descriptif et normatif.

2. Le terme est emprunté à Scheler (voir *Le formalisme en éthique et l'éthique matériale des valeurs*, Paris, Gallimard, 1955), mais a ici une signification élargie.

par la « raison publique » : la loi fondamentale de la raison
pratique est donc, si on veut, une « règle de reconnaissance »
permettant de savoir, parmi les énoncés normatifs, lesquels
sont effectivement universalisables et donc rationnellement
consistants. L'emprunt que je fais ici à H. L. A. Hart de la notion
de règle de reconnaissance[1] et son extension à l'ensemble
du champ de la rationalité normative sont destinés à souligner
le caractère *procédural* de cette loi fondamentale ou, plus
précisément, de l'impératif catégorique : son « formalisme » si
décrié tient à ce qu'il n'est qu'une procédure (non spécifiée, au
demeurant, puisque Kant en réfère sur ce point à un sentiment
d'évidence partagé ou à la « raison commune ») d'établissement de la validité normative de jugements évaluatifs.

LA *MÉTAPHYSIQUE DES MŒURS* COMME
THÉORIE DE LA NORMATIVITÉ

En dépit de son caractère chaotique[2], l'introduction de
la *Métaphysique des Mœurs* expose les grandes lignes d'une
théorie générale de la normativité sur la base du double
enseignement fondamental de la deuxième *Critique*, à savoir :
1. il existe un pouvoir normatif de la raison ; 2. ce pouvoir
consiste en une procédure à laquelle peut et doit être soumise
toute proposition normative (prescriptive, prohibitive ou

---

1. Hart, *The Concept of Law*, Oxford University Press, 1994, p. 94 *sq.*
(*Le concept de droit*, chap. v, Presses Universitaires Saint-Louis, 2005,
p. 113 *sq.*). Sur la « règle de reconnaissance », voir E. Picavet, *Kelsen et Hart*,
Paris, P.U.F., 2000, p. 97 *sq.*

2. Bernd Ludwig a montré que, dès l'édition originale, le texte écrit par
Kant a subi de nombreuses altérations. Sa reconstruction du texte, contestable
parfois, est aujourd'hui un instrument de travail indispensable : voir son édition
en deux volumes des deux parties de la *Metaphysik der Sitten*, Meiner, 1986
et 1990.

permissive) : le test de l'*universalisabilité*. Cet enseignement permet la construction d'une doctrine des obligations morales (en un sens large, qui recouvre les obligations juridiques aussi bien que les obligations éthiques, comme on le verra au prochain chapitre) ; et cette doctrine, parce qu'elle ne doit se fonder sur aucun élément empirique, contrairement aux doctrines reposant sur l'hétéronomie de l'arbitre, mérite pleinement d'être qualifiée de métaphysique. Cette métaphysique des mœurs, partie pure de la philosophie pratique, est définie grâce à une double démarcation.

La métaphysique des mœurs se distingue tout d'abord de la *métaphysique de la nature* (dont Kant a exposé en 1786 les « premiers principes »[1]) par le fait qu'elle est dépourvue de toute référence à un contexte d'expérience de par son principe même, l'autonomie de la volonté ; ceci interdit notamment toute démarche inductive à partir d'une hypothétique « expérience morale », étant entendu que « toute vraie métaphysique est tirée de l'essence même de la faculté de penser »[2]. Pour le dire autrement, la réfutation, dans la deuxième *Critique*, des doctrines eudémonistes et des éthiques matérielles au sens défini précédemment[3] a pour conséquence une dissymétrie structurelle des deux domaines de la théorie et celui de la pratique ; cette dissymétrie s'explique par la différence entre la fonction *cognitive* des concepts de l'entendement et la fonction *normative* des concepts rationnels, et du même coup par le rôle structurant (« légiférant ») ou non qu'ont ces concepts dans le « territoire » auquel ils s'appliquent respectivement.

---

1. Kant, *Metaphysische Anfangsgründe*, *AA* IV, p. 467 *sq.* ; *Premiers principes*, dans *OP* 2, p. 363 *sq.*

2. Kant, *Metaphysische Anfangsgründe*, *AA* IV, p. 472 ; *Premiers principes*, dans *OP* 2, p. 370.

3. Voir Kant, *KpV*, p. 22 *sq.* ; *CRprat*, p. 114 *sq.*

> Les concepts de l'expérience possèdent certes leur territoire
> dans la nature, en tant qu'ensemble de tous les objets des
> sens, mais point un domaine (ils n'y ont au contraire qu'un
> domicile) ; car, s'ils sont assurément produits conformément à
> une loi, ils ne sont pas légiférants, et en fait les règles fondées
> sur eux sont empiriques, et par conséquent contingentes [1].

En regard de la « législation [théorique] par concepts
naturels », la « législation [pratique] par le concept de liberté »,
qui « s'opère par la [seule] raison » et dont la métaphysique des
mœurs expose les principes purement rationnels, est proprement légiférante et non pas simplement légale ; on pourrait
dire, métaphoriquement (et on sait que Kant appréciait ce
registre) qu'elle est d'ordre légiconstitutionnel, et non pas
simplement législatif. En tout cas, « c'est uniquement dans le
domaine pratique que la raison peut légiférer » [2].

La métaphysique des mœurs se distingue en deuxième lieu
de ce qui est ici nommé l'*anthropologie morale*. Je reviendrai
plus longuement au chapitre quatre sur le rapport entre métaphysique et anthropologie. Indiquons simplement que, d'après
l'Introduction de la *Métaphysique des mœurs*, l'anthropologie,
qui est fondée sur une connaissance de la *nature* humaine, « ne
peut en aucun cas précéder la métaphysique des mœurs, ni être
confondue avec elle » [3]. En effet, comme la science de la
nature, l'anthropologie, si utiles que soient ses enseignements,
ne fournit aucun moyen d'établir ou de valider des normes
universelles-rationnelles ; elle décrit seulement « les conditions […] aussi bien négatives que positives, de l'*exécution*

---

1. Kant, *KU*, *AA* V, p. 174 ; *CJ*, p. 152.

2. Kant, *KU*, *AA* V, p. 174 ; *CJ*, p. 153.

3. Kant, *MdS*, Einleitung, *AA* VI, p. 217 ; *Mœurs*, Introduction, *MM* 1, p. 167.

des lois »[1] qui sont établies par ailleurs par la philosophie purement normative. Autrement dit, elle expose les conditions sociales et psychologiques de l'acceptabilité et de l'observance de ces normes.

Il y en tout cas, dans cette démarcation entre la philosophie strictement normative que doit être la métaphysique des mœurs et le savoir pur (métaphysique de la nature) aussi bien que le savoir empirique (anthropologie), une différence majeure entre Kant (qui pourtant se réclame de cette tradition) et la tradition du jusnaturalisme moderne qui, depuis Grotius, entendait fonder la doctrine des obligations sur une connaissance exacte de la «nature raisonnable et sociable» de l'homme. En fait, si la philosophie morale comporte bien, comme la connaissance de la nature, une partie pure et une partie empirique, il y a dans son cas solution de continuité entre l'une et l'autre : celle-là même qui existe, pour employer un vocabulaire kelsénien, entre *Sollsätze* et *Seinssätze*, entre propositions normatives et propositions descriptives. En fin de compte, la philosophie pratique, contrairement à la philosophie théorique, dont les énoncés ont toujours trait à une expérience possible (et à une science expérimentale possible), se réduit à sa partie pure (normative), car sa partie empirique (l'anthropologie et ses règles «technico-pratiques») n'est précisément pas *pratique* au sens plein, c'est-à-dire « moralo-pratique » :

> La philosophie ne peut donc, dans sa partie pratique (à côté de sa partie théorique), comprendre aucune doctrine *techniquement pratique*, mais simplement une doctrine *moralement pratique*[2].

---

1. *Ibid.*
2. Kant, *MdS*, Einleitung, *AA* VI, p. 217-218 ; *Mœurs*, Introduction, *MM* 1,

Par conséquent, l'unité du champ pratique, qui correspond à celle du pouvoir normatif de la raison pure lui-même, ne paraît pas faire problème ; comment s'explique alors le besoin de diviser la *Métaphysique des mœurs* en une *Rechtslehre* et une *Tugendlehre* ? Avant d'étudier au chapitre suivant cette division, demandons-nous d'abord ce qu'il en est de la distinction entre légalité et moralité, qui apparaît dans les écrits des années 1780 et se maintient, semble-t-il, dans la *Métaphysique des Mœurs*. Ne compromet-elle pas l'unité proclamée du champ pratique-normatif ?

TRANSITION : LÉGALITÉ ET MORALITÉ

Entre la *Critique de la raison pratique* et la formulation que reçoit le problème de la normativité dans la *Métaphysique des Mœurs*, la différence, importante, est la suivante. Dans l'ouvrage de 1788, la distinction entre légalité et moralité a pour effet, sinon pour but, d'*exclure* du champ de la philosophie morale la « simple légalité » (et *par conséquent* le droit, du moins lorsqu'il est extérieurement observé pour lui-même). Kant distingue légalité et moralité de la façon suivante :

> Si la détermination de la volonté se produit certes *conformément* à la loi, mais seulement par l'intermédiaire d'un sentiment, de quelque espèce qu'il soit, qui doit être supposé afin qu'elle devienne un fondement suffisant de la détermination de la volonté, partant si elle ne se produit pas *pour la loi elle-*

p. 168. Sur cette distinction, voir également *KU*, Einleitung, *AA* V, p. 172 ; *CJ*, p. 150.

même, l'action aura certes de la *légalité*, mais non de la *moralité*[1].

Et il en tire la conclusion que seule l'action faite « par obligation », et non celle qui est simplement « conforme à l'obligation », comporte une « valeur morale » :

> Le concept d'obligation exige donc *objectivement* de l'action qu'elle soit en accord avec la loi, mais il exige de la maxime de l'action, *subjectivement*, le respect pour la loi en tant qu'unique mode de détermination de la volonté par celle-ci. Et c'est là-dessus que repose la différence entre la conscience d'avoir agi *conformément à l'obligation* et celle d'avoir agi *par obligation*, c'est-à-dire par respect pour la loi, la première des deux (la légalité) étant possible quand même des inclinations auraient été seules les fondements de la détermination de la volonté, alors qu'il faut que la seconde (la *moralité*), la valeur morale, soit placée uniquement en ceci que l'action a été faite par obligation, c'est-à-dire parce que la loi l'exige[2].

Il faut dire toutefois que la distinction entre légalité et moralité, telle qu'elle apparaît dans la *Critique de la raison pratique*, n'est pas équivalente à celle du droit et de l'éthique en tant que corps ou domaines de normes ; elle vise plutôt à distinguer deux modalités dans la manière dont le sujet se rapporte à la norme (qu'elle soit par ailleurs juridique ou éthique). On peut en effet avoir un rapport « moral » (= éthique) à la loi juridique (s'y conformer parce qu'on croit en sa valeur), et un rapport « légal » à la norme éthique (la suivre par crainte de la réprobation). Toutefois, à observer la manière dont la distinction est formulée dans l'ouvrage de 1788, il paraît clair que la légalité (le respect extérieur de la norme, sans que ce respect

---

1. Kant, *KpV, AA* V, p. 71 ; *CRprat*, p. 180. Voir également *KpV, AA* V, p. 118 ; *CRprat*, p. 241, et p. 151-152 ; *CRprat*, p. 281-282.

2. Kant, *KpV, AA* V, p. 81 ; *CRprat*, p. 192.

constitue lui-même la raison subjective d'agir) correspond au
mode usuel qu'entretiennent les individus avec les normes
juridiques. Disons que le droit n'a pas besoin, de la part des
personnes auxquelles il s'adresse, d'attendre *plus* qu'un
rapport de conformité simplement légal, extérieur si on veut,
aux normes qu'il édicte. Cette relative sous-valorisation du
droit (plus exactement, du rapport qu'il engage normalement
entre le sujet et la norme) explique que dans la deuxième
Critique la « moralité » paraisse se confondre avec la sphère de
l'éthique, puisque seule celle-ci exige que soit pris en compte,
dans l'évaluation de l'agir et de sa maxime, le rapport *subjectif*
à la norme, la « disposition d'esprit » (*Gesinnung*) intérieure
dans laquelle le sujet agit, et non pas simplement la teneur
objective de l'action extérieure dont on le tient pour auteur.

Tout se passe donc comme si, dans la deuxième *Critique*
(et *a fortiori* dans la *Grundlegung* de 1785), la partie pure de la
philosophie morale, c'est-à-dire la *métaphysique* des mœurs,
se réduisait à ce qui, dans la terminologie ultérieure, se nommera éthique ou doctrine de la vertu. En dehors de la philosophie morale, comprise comme éthique, il n'y a dès lors place
que pour une « anthropologie morale », laquelle n'appartient
aucunement à la métaphysique, puisqu'elle se fonde sur une
connaissance de la *nature* humaine et ne possède de ce fait
aucun caractère *normatif*. Dès lors, le droit ne jouit d'aucune
autonomie conceptuelle à l'égard de la normativité morale
ou éthique. Jusqu'à ce point, ces deux dernières dénominations
peuvent être considérées comme synonymes.

En revanche, dans la *Métaphysique des Mœurs* (à vrai dire,
ce retournement est déjà observable dans *Théorie et pratique*
et dans l'écrit sur la paix perpétuelle), Kant procède à une
réévaluation très nette de la normativité juridique. Sans doute
possède-t-elle, on va le voir au prochain chapitre, une structure
différente de celle de la normativité éthique, mais elle ne doit
en aucun cas être reléguée au second rang. Ainsi, deux types de

normativité coexistent désormais au sein de la métaphysique des mœurs ; et ils se distinguent moins par la nature et le contenu des obligations, des interdictions et des licitations qu'ils comportent que par la *modalité* de ces obligations, *etc.* Leur différence n'est pas d'abord une différence des objets ou des domaines, comme on pourrait le croire en faisant correspondre la distinction du droit et de l'éthique à celle entre normes « externes » et « internes » ; elle est au premier chef une différence de la « modalité de l'obligation » :

> L'éthique possède certes aussi ses obligations particulières (par ex. les devoirs envers soi-même), mais elle a cependant aussi des obligations en commun avec le droit ; ce qu'elle n'a pas en commun avec le droit, c'est seulement la modalité de l'*obligation*[1].

En effet, mais on y reviendra au prochain chapitre, l'obligation éthique est toujours « intérieure », en ce sens qu'elle engage une adhésion du sujet à la norme, alors que l'obligation juridique ne suppose pas (mais n'exclut pas) cette adhésion.

Cette transformation de la topique kantienne de la normativité s'accompagne, me semble-t-il, d'une modification de la *signification* même de la distinction entre légalité et moralité. Certes, au moment où elle apparaît de nouveau dans l'Introduction générale de la *Métaphysique des Mœurs*, cette distinction *paraît* recouper exactement celle du droit et de l'éthique, surtout si l'on admet, comme le font certains commentateurs et traducteurs, que « conformité à la loi » (*Gesetzmässigkeit*) et « légalité » (*Legalität*) sont exactement synonymes chez Kant, ce que je ne crois pas tout à fait exact. Kant écrit ainsi :

---

1. Kant, *MdS*, Einleitung, *AA* VI, p. 220 ; *Mœurs*, Introduction, *MM* 1, p. 171.

Ces lois de la liberté se nomment *morales*, à la différence des lois de la nature. Dans la mesure où elles ne concernent que des actions purement extérieures et leur conformité à la loi (*Gesetz-mässigkeit*), elles sont désignées comme *juridiques* ; mais dès lors qu'en outre elles (les lois) doivent elles-mêmes être les principes de détermination des actions, elles sont *éthiques* et l'on dit alors que l'accord avec les lois juridiques définit la *légalité* de l'action, [et que] l'accord avec les lois éthiques définit sa *moralité*[1].

En revanche, un peu plus loin, dans la « Division d'une métaphysique des mœurs », les deux distinctions (légalité-moralité ; droit-éthique) ne se recoupent plus exactement. La législation éthique, écrit Kant, « fait d'une action une obli-gation et érige en même temps cette obligation en ressort (*Triebfeder*) » ; en revanche, la législation juridique « n'intègre pas le ressort dans la loi et […] admet un autre ressort que l'idée de l'obligation elle-même »[2]. Il en résulte que « les obligations pratiquées d'après la législation juridique ne peuvent être que des obligations extérieures » et requièrent un « ressort extérieur »[3] (par exemple, la crainte de la sanction) ; la législation éthique, en revanche, peut porter aussi bien sur des actions extérieures que sur des actions intérieures, puisque ce qui la caractérise n'est pas le domaine d'objets sur lequel elle porte mais le mode de rapport du sujet à l'action (intérieure *ou* extérieure) prescrite par la norme. De ce fait, la législation

---

1. Kant, *MdS*, Einleitung, *AA* VI, p. 214 ; *Mœurs*, Introduction, *MM* 1, p. 163.

2. Kant, *MdS*, Einleitung, *AA* VI, p. 219 ; *Mœurs*, Introduction, *MM* 1, p. 169.

3. *Ibid.*

éthique, comme on l'a vu, « ne saurait être extérieure », alors que la législation juridique « peut aussi être extérieure »[1].

Du coup, la distinction entre légalité et moralité, qui resurgit dans le même contexte, ne peut plus être considérée comme identique à celle des deux législations éthique et juridique, même si elle lui est corrélative : elle concerne en effet les *actions* et non pas la modalité de l'obligation qui s'y attache. La légalité désigne ainsi « la simple concordance ou non-concordance d'une *action* avec la loi, abstraction faite du ressort de cette action », alors que la moralité désigne la situation où « l'idée de l'obligation issue de la loi est en même temps le ressort de *l'action* »[2]. Il en résulte que le sujet peut parfaitement faire un usage simplement « légal » de normes qui sont en elles-mêmes éthiques, par exemple lorsqu'il observe par simple conformisme ou par hypocrisie des prescriptions qui exigeraient pourtant un engagement éthique. Il peut aussi, en un sens même il doit ou devrait entretenir un rapport « moral » avec les normes juridiques, c'est-à-dire se faire une obligation de les respecter non par crainte de sanctions, mais parce qu'il considère comme un devoir de conformer son action aux règles du droit. L'intérêt qu'il y a à distinguer la *nature de la norme* (juridique ou éthique selon le type d'engagement de la subjectivité qu'elle appelle) et le *caractère des actions* (légal ou moral, selon la manière dont tel ou tel sujet les rapporte à des normes) se manifeste clairement dans le cas, déjà examiné, du « droit de mentir ». Dans le petit texte qui porte sur ce sujet, tout comme dans l'Introduction de la *Métaphysique des mœurs*, Kant insiste sur le fait que la

1. Kant, *MdS*, Einleitung, *AA* VI, p. 220 ; *Mœurs*, Introduction, *MM* 1, p. 171.
2. Kant, *MdS*, Einleitung, *AA* VI, p. 219 ; *Mœurs*, Introduction, *MM* 1, p. 169. Je souligne.

récusation d'un tel prétendu droit, ainsi que l'obligation corrélative de véracité, relève non pas de l'éthique, mais du droit strict. Le prochain chapitre va revenir sur ce point, mais on peut d'ores et déjà tirer une première leçon de cet examen du mode de fonctionnement de la raison normative. La distinction de deux types de normativité (éthique et juridique) est, pour le Kant de la *Métaphysique des mœurs*, moins une hiérarchie (les normes de droit sont pleinement des normes, et elles ne sont pas moins obligatoires que les normes éthiques) qu'une coordination horizontale entre deux « modalité[s] de l'obligation », entre deux manières de considérer le rapport du sujet à la normativité : de prime abord, le droit prescrit (ou interdit, ou autorise) des *actions*, l'éthique prescrit (ou interdit, ou autorise) des *fins obligatoires*[1]. Il convient donc de préciser ce qu'il en est de la distribution des espaces normatifs chez le dernier Kant. C'est l'objet du chapitre suivant.

---

1. De prime abord, car on verra au chapitre suivant qu'en réalité le droit définit au premier chef des normes permissives (des *droits*), alors que l'éthique, nonobstant l'existence d'*adiaphora* (voir Kant, *MdS*, *Tugendlehre*, *AA* VI, p. 409 ; *Mœurs*, *Vertu*, *MM* 2, p. 256), contient surtout des obligations (prescriptions ou interdictions).

CHAPITRE III

JURIDICITÉ

> *Le véritable enthousiasme ne porte*
> *toujours que sur ce qui est purement*
> *moral, par exemple le concept de droit*[1].

C'est à la fin du XVIIIᵉ siècle que, grâce tout d'abord à
Thomasius[2], puis à Kant, Fichte, Hegel et (sous de tout autres
prémisses) à Bentham, on a cessé de considérer comme allant
de soi le couplage du droit et de l'éthique qui avait joué un rôle
central dans les théories classiques du droit naturel, en particulier chez Grotius. Si on laisse ici de côté, pour des raisons
pragmatiques, la critique utilitariste des « fictions » du droit
naturel, lesquelles reposent selon Bentham sur une confusion
de ce que le droit est et de ce que l'on voudrait qu'il soit et
entraînent une méconnaissance de la nature et de l'origine

1. Kant, *Der Streit der Fakultäten*, *AA* VII, p. 86 ; *Le conflit des Facultés*,
dans *OP* 3, p. 893.
2. Voir Thomasius, *Einleitung zur Sittenlehre* (1692), rééd. Hildesheim-
New York, Olms, 1995 (*Ausgewählte Schriften*, Bd. 10), et *Summarischer
Entwurf der Grundlehren* (1699), rééd. Olms, 2005 (*Ausgewählte Schriften*,
Bd. 13), p. 105 : Thomasius y soutient, en rupture avec la tradition dominante,
qu'il existe une « différence de l'éthique et du droit de nature ».

véritable des droits, qui sont « les enfants de la loi »[1], nous
pouvons considérer que la philosophie classique allemande,
malgré (ou peut-être en raison de) sa thèse puissante de l'unité
de la raison théorique et de la raison pratique, a joué un rôle
majeur dans ce qu'on peut appeler le découplage du droit et de
l'éthique, découplage dont le dispositif juspositiviste va hériter
et qu'il va constituer en dogme à partir du XIXe siècle. Kant
proclame certes avec solennité « l'unité du pouvoir de la raison
pure tout entière, théorique aussi bien que pratique »[2], cette
raison devant être comprise comme un « pouvoir des principes » et distinguée à ce titre du simple « pouvoir des règles »
qu'est l'entendement[3]. Mais de cette unité de la raison s'ensuit
nécessairement pour lui, au moins dans le dernier état de
sa philosophie pratique, la différenciation de son usage.
D'abord, il convient de distinguer soigneusement l'usage

---

1. Bentham considère les expressions « droit naturel » et « loi naturelle »
comme des « impropriétés de langage » qui sont devenues, en raison de la
positivation des droits de l'homme par les révolutions de la fin du XVIIIe siècle,
un « crime moral » en passe de devenir un « crime légal » (J. Bentham, « Sur
l'usage et l'abus du mot "droit" », dans B. Binoche & J.-P. Cléro, *Bentham
contre les droits de l'homme*, Paris, P.U.F., 2007, p. 124). Cette critique a joué
un rôle majeur dans le développement de la variante anglo-saxonne du positivisme juridique, c'est-à-dire dans ce que l'on nomme *analytical jurisprudence*.
Voir H. L. A. Hart, « Utilitarianism and natural rights », in *Essays in jurisprudence and philosophy*, Oxford University Press, 1981, p. 181-197 ; « Natural
Rights : Bentham and John Stuart Mill » et « Legal rights », in *Essays on
Bentham*, Oxford University Press, 1982, p. 79-104 et 162-193.

2. Kant, *KpV*, *AA* V, p. 91 ; *CRprat*, p. 204. Fichte affirme de son côté que
la Doctrine de la Science est en mesure de démontrer « comment la raison peut
être *pratique*, et comment cette raison pratique n'est pas du tout la chose si
étrange et inconcevable pour laquelle on la prend parfois, qu'elle n'est pas du
tout une seconde raison, mais celle-là même que nous reconnaissons tous bien
volontiers comme raison théorique » (*System der Sittenlehre*, *Werke* IV, p. 57 ;
Système de l'éthique, Paris, P.U.F., 1986, p. 59).

3. Kant, *KrV*, A 194 ; *CRp*, p. 194.

théorique (cognitif) et l'usage pratique (normatif) de cette
raison une. Ensuite, au sein du champ de la raison pratique, il
va falloir distinguer normativité juridique et normativité
éthique. Kant et Fichte sont parvenus à cette dernière conclusion de manière quasi-simultanée, vers 1795-1796. Elle est
illustrée, chez Kant, par la division de la *Métaphysique des
Mœurs* en une doctrine du droit (*Rechtslehre*) et une doctrine
de la vertu (*Tugendlehre*); chez Fichte, elle conduit à la
rédaction parallèle d'un «droit naturel» (*Grundlage des
Naturrechts*) et d'une «éthique» (*System der Sittenlehre*).

Pour l'un comme pour l'autre, l'intérêt principal de cette
distinction est d'abord d'établir la pleine autonomie du
droit à l'égard de la normativité éthique. Fichte affirme ainsi
que la «doctrine philosophique du droit» ne doit pas être un
«chapitre de la morale», mais «une science propre et autonome»[1]. Pour sa part, c'est d'abord en réinterprétant la
distinction entre légalité et moralité dont il a été question au
chapitre précédent que Kant entend souligner la spécificité du
droit en regard de l'éthique dans le cadre global d'une «métaphysique des mœurs» qu'il serait sans doute opportun de
nommer une théorie générale des normes, si Kelsen n'avait pas
préempté l'expression. Celle-ci, en tant que «système des
obligations en général», est en mesure de revendiquer pour
elle seule la dénomination de morale (*die Moral*); et ce terme
est désormais pris en un sens générique, comme l'indique la
«Division de la morale» qui figure (par erreur) à la fin de
l'Introduction de la *Doctrine du droit*[2]: les obligations
juridiques et les obligations éthiques en relèvent au même titre

1. Fichte, *Grundlage des Naturrechts*, Werke III, p. 10; *Fondement du
droit naturel*, p. 26.
2. Kant, *MdS*, *Rechtslehre*, Einleitung, *AA* VI, p. 242; *Mœurs, Droit,
MM* 2, p. 30.

et à part égale. Il est donc patent que Kant, avant Hegel,
s'emploie à différencier droit, éthique et morale. Mais la distribution des termes est différente : chez Kant, c'est la morale (*die
Moral*) qui est le genre dont éthique (*Sittenlehre* ou *Tugendlehre*) et droit (*Rechtslehre*) sont les espèces ; chez Hegel,
en revanche, c'est la *Sittlichkeit*, terme dont Hegel s'empresse
de préciser qu'il l'emploie en un sens non kantien[1], qui
aura vocation à englober et à « abolir » (*aufheben*) les deux
systèmes normatifs abstraits que sont le droit abstrait-privé
(*das abstrakte Recht*) et la moralité (*die Moralität*). Mais,
avant d'étudier la signification de cette distinction en contexte
kantien, il importe de revenir sur ce que Kant a nommé,
dans la *Grundlegung*, l'impératif catégorique de l'éthique
(*der kategorische Imperativ der Sittlichkeit*). Ne faut-il
pas voir dans le choix de cette dénomination la preuve de ce
que seules les prescriptions éthiques méritent d'être qualifiées
de morales, et non celles du droit ?

« L'IMPÉRATIF CATÉGORIQUE DE L'ÉTHIQUE » EST-IL AU FONDEMENT DU DROIT ?

La morale est à la mode, en particulier – et c'est assez
nouveau, après un siècle et demi d'hégémonie supposée du
positivisme juridique – chez les juristes ou les théoriciens du
droit ; certains d'entre eux soutiennent même qu'il y aurait un
« discours moral » au fondement du droit[2], alors que la liste des
critères d'identification du positivisme juridique établie par

---

1. Hegel, *Grundlinien*, § 33, *Werke* 7, p. 88 ; *PPD*, p. 180.
2. Voir le sous-titre du livre de R. Dworkin, *Freedom's Law*, Cambridge
(Ma), Harvard University Press, 1996 : *The moral reading of the American
Constitution*.

Hart faisait de la séparation entre droit et morale un élément-clé, sinon le seul, de la conception positiviste du droit[1]. De fait, dans l'argumentation anti-positiviste, telle qu'elle est actuellement développée par des auteurs comme Dworkin ou Habermas, mais déjà précédemment par Lon Fuller ou le second Radbruch, la référence kantienne semble destinée à jouer un rôle de choix. En effet, selon une lecture fort répandue, Kant ne distinguerait le droit et l'éthique (ou la « morale », mais on verra qu'il y lieu d'utiliser plutôt le premier terme) que pour mieux subordonner le premier à la seconde, la simple « légalité » des règles juridiques à la « moralité » des obligations éthiques. Dans une telle optique, ce que Kant nomme le droit cosmopolitique pourrait avoir une place de choix. Il est en effet tentant d'interpréter l'inscription du droit privé et du droit public dans une perspective cosmopolitique, c'est-à-dire « philanthropique-universelle »[2], comme une preuve de ce que, chez Kant, le droit se situe toujours dans un horizon éthique.

C'est parce qu'il adopte cette perspective que Habermas, par exemple, soutient que Kant « développe dès le départ sa théorie du droit dans le cadre d'une théorie morale » ; il se démarque d'ailleurs en partie de lui au motif que « chez Kant, le droit naturel ou moral […] prend à tel point le dessus que le

---

1. Voir H. L. A. Hart, *The Concept of Law*, *op. cit.*, p. 185 *sq.* ; la liste des critères est donnée en note p. 302 ; *Le concept de droit*, *op. cit.*, p. 203 *sq.* et p. 317-318. Voir également « Positivism and the separation of laws and morals », *in* Hart, *Essays in Jurisprudence and Philosophy*, *op. cit.*, p. 57-58. Kelsen écrit de son côté : « il va de soi pour tout juriste qu'il doit *en tant que tel*, c'est-à-dire lorsqu'il s'agit de la connaissance des normes juridiques, faire abstraction de la morale » (*Die philosophischen Grundlagen der Naturrechts-lehre und des Rechtspositivismus*, Charlottenburg, 1928, p. 30 ; trad. dans *Théorie Générale du Droit et de l'Etat*, Paris, LGDJ/Bruylant, 1997, p. 456).

2. Kant, *Gemeinspruch*, *AA* VIII, p. 307 ; *Théorie et pratique*, p. 51.

droit risque de se ramener à la morale », ce que Habermas lui-même se défend de vouloir faire[1]. Certes, on pourrait objecter à Habermas qu'il méconnaît, comme beaucoup d'autres, le fait que le terme « morale » a chez Kant, au moins à partir de 1795, un sens large (incluant aussi « la morale en tant que doctrine du droit ») et un sens étroit (correspondant à l'éthique ou doctrine des devoirs de vertu)[2]. Toutefois, cette objection n'est pas entièrement satisfaisante, si l'interprétation proposée dans *Droit et démocratie*, différente de celle de *Droit et morale*, est correcte : chez Kant, le droit ne serait certes pas réduit à la morale (comprise comme éthique), mais pensé à partir d'elle en lui faisant subir une série de restrictions[3]. Par conséquent, pour discuter de façon sérieuse la « lecture morale » de la théorie kantienne du droit, il faut établir que celui-ci dispose d'un principe propre, distinct et indépendant de celui de l'éthique. Pour ce faire, je rappellerai donc, dans un premier temps, le sens et les implications de la distinction stricte entre droit et

---

1. J. Habermas, *Droit et morale*, Paris, Seuil, 1997, p. 81-82. Depuis *Faktizität und Geltung*, Habermas n'a cessé de souligner que son approche du droit respecte l'autonomie de celui-ci à l'égard de la morale, et qu'en ce sens elle est « positiviste ». J'ai formulé pour ma part des doutes à cet égard : voir J.-F. Kervégan, « Rechtliche und moralische Normativität. Ein "idealistisches" Plädoyer für den Rechtspositivismus », *Rechtstheorie* (Berlin), 39-1 (2008), p. 23-52, en particulier p. 51-52.

2. Voir Kant, *MdS*, *Rechtslehre*, *AA* VI, p. 242 ; *Mœurs*, *Droit*, *MM* 2, p. 30, et *Frieden*, *AA* VIII, p. 383, 384, 386 ; *Paix*, p. 161, 165, 167. Dans un brouillon de l'Introduction de la *Métaphysique des Mœurs*, Kant écrit : « La morale se compose de la doctrine du droit et de la doctrine de la vertu. Celle-là s'appelle aussi *Jus* au sens général du terme, celle-ci, *Ethica* au sens particulier du terme (car, au sens général, celle-ci signifie aussi la morale dans son entier) » (*Nachlass*, *AA* XXIII, p. 386).

3. « Le principe juridique limite le principe moral. Une fois cette limitation posée, la législation morale se reflète dans la législation juridique » (Habermas, *Droit et démocratie*, Paris, Gallimard, 1997, p. 122).

éthique au sein de la « morale » kantienne. Dans un deuxième temps, je préciserai les caractères spécifiques de la normativité juridique. Dans un troisième temps enfin, j'examinerai le statut du « droit cosmopolitique » dans l'architecture de la philosophie pratique, dans le but de rappeler qu'il relève bien du droit *stricto sensu* et ne constitue donc pas une « passerelle » entre droit et éthique.

La lecture « morale » de Kant ne participe pas seulement d'une approche intéressée comme peut l'être celle de Habermas[1] ; elle se retrouve, sous des formes parfois très sophistiquées, dans le commentaire savant. C'est ainsi que Hans Friedrich Fulda a développé une interprétation impressionnante du rapport entre droit et éthique chez Kant, qui fait de « l'impératif catégorique de l'éthique » la « présupposition » d'une démonstration de la nécessité du droit et de son autonomie. Celle-ci est dès lors forcément relative, puisqu'elle suppose un « principe suprême » qui lui est extérieur[2]. Réfutant une à une l'ensemble des interprétations et des critiques dont la conception kantienne des rapports

1. Intéressée au sens où, dès ses premiers travaux, Habermas ne lit jamais les classiques pour eux-mêmes, mais dans la perspective d'un « intérêt émancipatoire » : voir *Connaissance et intérêt*, Gallimard, 1976, en particulier p. 232 *sq.* Ce en quoi il peut d'ailleurs se réclamer légitimement de Kant, inventeur de l'idée d'intérêt de la raison, qui affirme que « tout intérêt est en définitive pratique » (Kant, *KpV*, *AA* V, p. 121 ; *CRprat*, p. 246). Voir également *KrV*, B 694-695 ; *CRp*, p. 573-574, et *KpV*, *AA* V, p. 79 et 119-121 ; *CRprat*, p. 190 et 243-246.

2. H. F. Fulda, « Notwendigkeit des Rechts unter Voraussetzung des kategorischen Imperativs der Sittlichkeit », *Jahrbuch für Recht und Ethik*, 14 (2006), p. 167-214. Une version abrégée de ce long article est disponible en langue française : « Nécessité du droit sous présupposition de l'impératif catégorique de l'éthique », dans J.-F. Kervégan (dir.), *Raison pratique et normativité chez Kant. Droit, politique et cosmopolitique*, Paris, ENS Editions, 2010, p. 7-35.

entre droit et éthique a fait l'objet – y compris la position que je vais adopter dans ce qui suit, qui correspond en gros, parmi les cibles de l'article, à celle de Marcus Willaschek[1] –, Fulda soutient qu'aucune d'entre elles ne parvient à tenir les deux bouts de la chaîne, à savoir l'autonomie du droit et le caractère unique et inconditionnel de l'impératif catégorique. Toute son argumentation repose sur une conviction :

> Le seul impératif catégorique qu'il y a et qu'il puisse y avoir d'après la conception kantienne est celui qu'il nomme dans un passage important l'impératif catégorique de l'éthique. C'est pour ne pas encourager cette erreur [celle suivant laquelle il pourrait avoir une signification débordant le champ de l'impératif éthique] qu'on s'en tiendra dans ce qui suit à la dénomination encombrante « impératif catégorique de l'éthique » lorsqu'il sera question de ce commandement que l'on nomme usuellement « l' » impératif catégorique[2].

Il me semble possible sinon de réfuter, du moins de relativiser cette conclusion, si l'on se convainc que la conception kantienne de la normativité, et donc celle de l'impératif catégorique, subit une évolution importante entre la *Grundlegung* de 1785 et la *Métaphysique des Mœurs* de 1796-1797. Or cette évolution me paraît incontestable, je l'ai indiqué au chapitre précédent. Mais regardons de près ce qu'il en est de « l'impératif catégorique de l'éthique ».

Voici ce que Kant écrit dans la *Grundlegung*, au terme d'un développement destiné à établir la différence entre les impératifs hypothétiques (selon lesquels l'action qu'on projette est

---

1. M. Willaschek, « Which Imperatives for Right ? On the Non-Prescriptive Character of Juridical Laws in Kant's Metaphysics of Morals », *in* M. Timmons (dir.), *Kant's Metaphysics of Morals. Interpretative Essays*, Oxford, Oxford University Press, 2002, p. 65-87.

2. H. F. Fulda, « Notwendigkeit des Rechts… », p. 169 ; « Nécessité du droit… », p. 9.

« un moyen en vue d'autre chose ») et l'impératif catégorique
(s'il existe quelque chose de tel) :

> Enfin il y a un impératif qui, sans poser en principe et comme
> condition quelque autre intention à atteindre par une certaine
> conduite, commande immédiatement cette conduite. Cet impé-
> ratif est *catégorique* […] [Il] peut être nommé l'impératif de
> l'*éthique* (*Sittlichkeit*)[1].

Dans le contexte de la *Grundlegung*, le sens de l'expression ne
fait guère de doute. Il n'y a qu'un seul et unique impératif
catégorique, nous dit Kant[2], et cet impératif est de nature éthique ou morale (les deux termes ayant alors une signification
identique) ; tous les autres, y compris sans doute les règles du
droit, doivent être considérés comme hypothétiques, donc
conditionnels. Certes, il est question du droit en une occasion
dans la *Grundlegung* ; c'est dans le quatrième des exemples
destinés à illustrer la première des trois formulations dérivées
de l'impératif catégorique : « agis comme si la maxime de ton
action devait être érigée par ta volonté en *loi universelle de la
nature* »[3]. A l'aide de cet exemple, Kant fustige celui qui « fait
commerce du droit des hommes ou y porte atteinte à d'autres
égards »[4]. Mais le contexte montre clairement que ce n'est pas

---

1. Kant, *Grundlegung*, AA IV, p. 416 ; *Fondation, MM* 1, p. 91. La
traduction dit « de la moralité ». Ce qui peut se justifier par le fait que, au moins
jusqu'à *La religion dans les limites de la simple raison*, Kant ne fait pas de
différence entre les deux termes. Mais il est rétrospectivement nécessaire de
distinguer, comme le fait la *Métaphysique des Mœurs*, « éthique » et « éthicité »
(*sittlich, Sittlichkeit*) d'une part, « moral » et « moralité » (*moralisch, Moralität*)
d'autre part.

2. Kant, *Grundlegung, AA* IV, p. 421 ; *Fondation, MM* 1, p. 97.

3. Kant, *Grundlegung, AA* IV, p. 421 ; *Fondation, MM* 1, p. 97.

4. Kant, *Grundlegung, AA* IV, p. 423 ; *Fondation, MM 1*, p. 100. Contrairement à ce qu'on pourrait croire d'abord, l'expression « le droit des hommes » ne
désigne pas les droits de l'homme mais plutôt le droit humain positif.

le droit en tant que tel qui est ici en question, mais plutôt le rapport que le sujet entretient subjectivement – sur le plan éthique, donc – avec les normes juridiques. D'ailleurs, la maxime qui est destituée de son éventuelle prétention à «être érigée en loi universelle de la nature» n'est pas celle qui préconiserait (? !) de violer le droit des hommes, mais bien plutôt celle qui consiste à accompagner cette violation du droit (fort courante) de paroles «de sympathie et de bienveillance» : en fait, c'est la fourberie de celui que Kant nomme dans le premier Appendice de la *Paix perpétuelle* le «moraliste politique»[1] qui est ici fustigée. On voit donc bien que, s'il est ici question du droit, c'est uniquement du point de vue d'une possible législation *éthique*, la seule qui puisse, pour le Kant de 1785, donner lieu à un impératif *catégorique*.

Or, les choses se présentent d'une manière bien différente dans les écrits plus tardifs. Tout d'abord, il faut noter que l'expression «impératif catégorique de l'éthique» ne se retrouve telle quelle ni dans la *Critique de la raison pratique*, ni dans la *Métaphysique des mœurs*. Certes, dans l'Introduction de la *Doctrine de la vertu*, Kant parle d'un «impératif catégorique éthique»[2] ; mais il évoque également à deux reprises, dans la *Doctrine du droit*, un impératif catégorique *juridique*[3], ce qui atteste du caractère générique qu'a désormais l'expression.

---

1. Kant, *Frieden*, *AA* VIII, p. 372 ; *Paix*, p. 137. Le «moraliste politique» est celui qui «se confectionne une morale conforme à l'intérêt de l'homme d'Etat», alors que le «politique moral» est celui qui honore en chacun de ses actes «la morale en tant que doctrine du droit», c'est-à-dire qui conçoit la politique comme une «doctrine du droit appliquée» (*Frieden*, *AA* VIII, p. 370 ; voir *Paix*, p. 134, mais la traduction est fautive).

2. Kant, *MdS*, *Tugendlehre*, *AA* VI, p. 383 ; *Vertu*, *MM* 2, p. 223 ; la traduction dit «moral» au lieu de «éthique».

3. Kant, *MdS*, *Rechtslehre*, *AA* VI, p. 331 et 336 ; *Droit*, *MM*, 2, p. 152 et 159 ; il s'agit dans les deux cas de la justice et de la loi pénales.

Ensuite, et c'est mon principal argument, il n'est pas certain que le terme *Sittlichkeit* ait, du point de vue même de Kant, conservé une signification identique. S'il est vrai que, dans la *Fondation* et sans doute encore dans la deuxième *Critique*, il est à peu près synonyme de *Moralität*, cette équivalence n'est plus de mise à partir du moment où, notamment dans l'écrit sur la paix perpétuelle (1795), Kant distingue expressément « la morale en tant qu'éthique » (*die Moral als Ethik*) et « la morale en tant que doctrine du droit » (*die Moral als Rechtslehre*), et ce dans la claire intention de souligner l'autonomie et l'égale dignité de la sphère juridique[1]. C'est dans le droit fil de cette innovation conceptuelle que la *Métaphysique des mœurs* fait de l'éthique (*die Ethik = Tugendlehre*, doctrine de la vertu) et de la doctrine du droit (*die Rechtslehre*) les deux domaines connexes entre lesquels se distribue la morale (*die Moral*) : le droit et le type de normativité qu'il met en œuvre sont indépendants de la sphère et de la normativité éthiques (ordonnées au principe de la moralité entendue en un sens restreint), mais ceci n'exclut pas qu'ils aient une racine commune (ce que traduit précisément la notion d'obligation, *Pflicht*, commune aux deux domaines). Cette distinction du droit et de l'éthique est sans doute une des leçons tirées par Kant du développement chaotique du processus révolutionnaire en France : la dictature de la vertu qui régnait durant la Terreur a certainement alimenté, comme plus tard celle de Hegel[2], sa réflexion sur le rapport entre droit et éthique. Quoi qu'il en soit, Kant

1. Kant, *Frieden*, *AA* VIII, p. 386 ; *Paix*, p. 167. Comme on l'a vu, l'expression « la morale (en tant que doctrine du droit) » ne revient pas moins de trois fois dans cet Appendice.

2. Voir Hegel, *Vorlesungen über die Philosophie der Weltgeschichte, Werke* 12, p. 533 ; *Leçons sur la philosophie de l'histoire*, trad. Gibelin, Vrin, 1963, p. 342 : « Robespierre posa le principe de la vertu comme l'objet suprême et l'on peut dire que cet homme prit la vertu au sérieux ».

valorise désormais fortement le droit, dans lequel il voit un rempart contre les débordements du « moralisme politique ». Le concept *moral* (et non pas éthique !) du droit et son couronnement, la constitution républicaine, sont, de par leur simple possibilité idéale, ce qui donne sens à l'idéal des Lumières et ce qui atteste du pouvoir normatif de la raison.

Ainsi, dans son état ultime, la philosophie pratique de Kant accorde au droit une autonomie en regard de l'éthique, alors que celle-ci occupait incontestablement le devant de la scène dans les écrits de 1785-1787, où elle paraissait bien s'identifier à la morale en sa totalité. De la sorte, on ne peut écarter *a priori*, comme paraît le faire Fulda en s'appuyant sur le passage précité de la *Grundlegung*, l'idée que l'impératif catégorique, concept central de la « philosophie pratique pure », puisse se décliner de manière spécifique dans les deux domaines dont se compose, pour le dernier Kant, la morale. Telle est l'hypothèse que je voudrais avancer : il y a, à côté de l'impératif catégorique éthique (incontestablement le seul que Kant avait en vue lorsqu'il rédigeait la *Fondation*, et sans doute encore la *Critique de la raison pratique*), un *impératif catégorique juridique* dont la dignité n'est pas moindre, mais qui présente des caractères spécifiques. Avant de les exposer, examinons d'un peu plus près ce qu'il en est des rapports entre morale, droit et éthique dans la *Métaphysique des mœurs*.

MORALE, DROIT, ÉTHIQUE

Après avoir indiqué que toute législation comporte deux composantes : « une *loi* qui représente l'action à accomplir comme *objectivement* nécessaire » et « un ressort (*Triebfeder*) qui relie *subjectivement* à la représentation de la loi le principe qui détermine l'arbitre à cette action », la *Métaphysique*

des mœurs distingue la législation juridique et la législation
éthique de la manière suivante :

> La législation qui fait d'une action une obligation et de cette
> obligation en même temps un ressort est *éthique*. En revanche,
> la législation qui n'intègre pas le ressort à la loi et qui par
> conséquent admet aussi un autre ressort que l'idée même
> d'obligation est *juridique* [1].

Le rappel, quelques lignes plus loin, de la distinction entre
légalité et moralité, qui souligne la spécificité de l'obligation
morale (= éthique !), paraît indiquer la continuité du propos
kantien avec celui de la deuxième *Critique*. Il n'en est pourtant
rien. Dans la *Critique de la raison pratique*, la distinction de
la légalité et de la moralité correspond, on l'a vu, à celle
de l'action « conforme au devoir » et de l'action faite « par
devoir » [2]. Etant donné qu'il est « de la plus grande importance
[…] que toute la moralité des actions soit placée dans la
nécessité de les effectuer *par devoir* » [3], il est clair que la simple
légalité de l'action (au sens de *Gesetzmässigkeit*), autrement
dit sa conformité extérieure (juridique) au devoir, a un coeffi-
cient de moralité très faible. En revanche, la *Métaphysique des
Mœurs* indique clairement que les lois juridiques, qui « ne
portent que sur des actions purement extérieures et sur leur
légalité », sont elles aussi des « lois morales », c'est-à-dire des

---

1. Kant, *MdS*, Einleitung, *AA* VI, p. 219 ; *Mœurs*, Introduction, *MM* 1,
p. 169.

2. Kant, *KpV*, *AA* V, p. 81 ; *CRprat*, p. 192. Pour ma part, je préfère traduire
Pflicht par obligation, le devoir correspondant plutôt à *das Sollen*. En la
présente occasion, toutefois, je ne modifie pas la traduction, en raison du
caractère presque proverbial qu'a acquis la distinction « conforme au devoir /
par devoir ».

3. *Ibid.*

« lois de la liberté »[1]. De ce fait, la « simple légalité » devient une modalité plénière de la moralité (au sens large), et non plus son pâle faire-valoir ; en d'autres termes, les règles juridiques doivent être considérées comme des obligations à part entière, et non pas comme de simples recommandations techniques ou pragmatiques (des « conseils de la prudence » ou des « règles de l'habileté », selon la terminologie de la *Grundlegung*[2]). Ce qui distingue les normes juridiques et les normes éthiques n'est pas leur caractère plus ou moins obligatoire, conditionnel ou inconditionnel, mais le fait que leur correspondent des types différents d'*engagement* de la subjectivité. On pourrait dire que dans le périmètre du droit, la subjectivité ne s'engage que quant à l'action et à ses conséquences alors que, dans celui de l'éthique, elle assume (à travers sa maxime) la responsabilité de son engagement subjectif à l'égard du propos de l'action. Bref :

> La législation éthique [...] est celle qui ne *peut* pas être extérieure ; la législation juridique est celle qui peut *aussi* être extérieure[3].

Dès lors, la division de la métaphysique des mœurs en une « métaphysique du droit » et une « métaphysique de la vertu » ne correspond pas à celle de deux domaines ou de deux corps de normes qui différeraient par leur objet, comme s'il y avait des « choses » juridiques et des « choses » éthiques. Elle renvoie plutôt à deux types distincts de rapport du destinataire à la loi : la légalité (au sens de *Gesetzmässigkeit*) désigne la « simple concordance d'une action avec la loi, sans égard au

---

1. Kant, *MdS*, Einleitung, *AA* VI, p. 214 ; *Mœurs*, Introduction, *MM* 1, p. 163.

2. Voir Kant, *Grundlegung*, *AA* IV, p. 416 ; *Fondation*, *MM* 1, p. 91.

3. Kant, *MdS*, Einleitung, *AA* VI, p. 220 ; *Mœurs*, Introduction, *MM* 1, p. 171.

ressort de cette action», alors que la moralité (au sens de *Sittlichkeit*, d'éthicité) fait de cette concordance «le ressort de l'action»[1]. Cette distinction de la légalité et de la moralité, on l'a vu, était déjà présente dans la *Critique de la raison pratique*, mais sa signification y était notablement différente, puisqu'elle tendait à exclure du champ de la philosophie morale la simple «légalité des actions» (au sens de conformité extérieure de la conduite aux normes du droit), en exigeant de surcroît la «moralité des dispositions» du sujet[2]. L'intégration d'une doctrine du droit à la partie *pure* de la philosophie pratique (à la *métaphysique* des mœurs) représente donc une modification considérable de la définition même de cette philosophie. Désormais, éthique et droit se distinguent non pas tant par le contenu objectif des normes prescrites que par «la modalité de l'obligation»[3]. Objectivement, le champ des prescriptions juridiques et celui des prescriptions éthiques se recoupent largement. En effet, toutes les obligations juridiques, parce qu'elles sont des obligations, sont aussi des obligations éthiques : il est de mon devoir, en tant que sujet *éthique*, de prendre pour maxime de me conformer aux règles du droit[4]. De la sorte, l'éthique «possède certes aussi ses obligations

---

1. Kant, *MdS*, Einleitung, *AA* VI, p. 219 ; *Mœurs*, Introduction, *MM* 1, p. 169. Je reprends la traduction littérale de *Triebfeder* par «ressort» (Fussler, *CRprat*) en lieu et place de «mobile».

2. Voir Kant, *KpV*, *AA* V, p. 71-72, 81, 118, 151-152 ; *CRprat*, p. 180, 192, 241, 281-283.

3. Kant, *MdS*, Einleitung, *AA* VI, p. 220 ; *Mœurs*, Introduction, *MM* 1, p. 171.

4. Kant, *MdS*, Einleitung, *AA* VI, p. 219 ; *Mœurs*, Introduction, *MM* 1, p. 170.

particulières », mais « elle a cependant aussi des obligations en commun avec le droit »[1].

Les normes juridiques exigent une conformité externe de l'*action* avec la loi, alors que les normes éthiques impliquent aussi une adhésion intérieure des destinataires ; autrement dit, l'éthique exige qu'ils fassent du respect de la norme (qui elle-même peut concerner des actions extérieures aussi bien que le rapport à soi-même du sujet) leur *maxime* subjective. Mais ceci ne veut pas dire que les premières auraient une moindre dignité que les secondes. Il y a au contraire – c'est en tout cas ce qui me paraît ressortir du projet même d'une *Métaphysique des Mœurs* – une structure *a priori* de la normativité qui est commune aux deux parties de cette philosophie pratique pure. Cette structure a été élucidée dans le précédent chapitre. Elle n'est autre que celle qu'énonce, dans la *Critique de la raison pratique*, la « loi fondamentale de la raison pure pratique », loi qui, pour des êtres sensibles et finis chez qui « la raison n'est pas le seul principe déterminant de la volonté »[2], adopte la figure d'un commandement ou d'un impératif inconditionnel (catégorique) :

> Agis de telle sorte que la maxime de ta volonté puisse en même temps toujours valoir comme principe d'une législation universelle[3].

Dans la *Métaphysique des mœurs*, la présentation de cet impératif (ainsi que sa distinction d'avec les impératifs « techniques ») est différente, puisque ce concept est introduit à

---

1. Kant, *MdS*, Einleitung, *AA* VI, p. 220 ; *Mœurs*, Introduction, *MM* 1, p. 171.

2. Kant, *KpV*, *AA* V, p. 20 ; *CRprat*, p. 110.

3. Kant, *KpV*, *AA* V, p. 30 ; *CRprat*, p. 126.

partir de la notion d'obligatoriété (*Verbindlichkeit*)[1]. Comme dans les écrits antérieurs, Kant insiste sur le fait que l'impératif catégorique ne se laisse pas ramener au schéma fin / moyen qui est propre aux impératifs hypothétiques / techniques. Mais ce qu'il faut avant tout souligner, c'est le fait que ces concepts (impératif, impératif catégorique, obligation, obligatoriété) font désormais partie des «*concepts communs aux deux parties* de la métaphysique des mœurs »[2]. Il faut en conclure, à tout le moins, qu'il y a dans le champ du droit aussi place pour des « lois moralement pratiques », formellement analogues aux lois éthiques.

La *Doctrine du droit* développe alors une conception que l'on peut dire désubjectivée de la normativité. En effet, Kant, aussitôt après qu'il a introduit le principe universel du droit (sur lequel je vais revenir), précise que s'il est bien le « principe de toute les maximes » – entendons : de toutes les maximes que je puis me proposer *dans le contexte du droit*, donc des règles subjectives que je dois observer dans mes attitudes et mes actions relatives à autrui –, « on ne peut exiger que je le *prenne comme maxime* de mon action »[3] : autrement dit, il n'est nullement requis, pour me conformer au principe du droit, que je le fasse par amour du droit et de ce principe. Non que les dispositions subjectives et leur éventuelle moralité (ou plus exactement leur éthicité, au sens kantien) soient superflues. Mais leur prise en compte n'est pas *requise* dans une définition minimale ou stricte du droit. De fait, « me faire une

1. Voir Kant, *MdS*, Einleitung, *AA* VI, p. 222 ; *Mœurs*, Introduction, *MM* 1, p. 173. Ayant choisi de traduire *Pflicht* par « obligation » (voir *supra*, p. 105, note 2, je traduis *Verbindlichkeit* par « obligatoriété ».

2. *Ibid*. Je souligne.

3. Kant, *MdS*, *Rechtslehre*, *AA* VI, p. 231 ; *Mœurs*, *Droit*, *MM* 2, p. 17.

maxime d'agir selon le droit est une exigence que m'adresse
l'éthique »[1], – l'éthique et non pas le droit lui-même.

Cette élévation du droit au rang de sphère autonome de
normativité jouissant d'une validité *a priori* et spécifique
trouve une illustration remarquable dans le petit texte *Sur un
prétendu droit de mentir par humanité*, déjà évoqué dans
l'Introduction de ce livre. Kant y affirme que l'obligation
de véracité peut être établie sur le seul terrain du *droit*, sans
faire aucunement référence à des normes éthiques (qui bien
entendu proscrivent également le mensonge, mais pour
d'autres raisons). En effet, la véracité (l'obligation de tenir la
promesse qu'on a faite) est une présupposition nécessaire du
commerce juridique, puisque la possibilité même d'actes
contractuels en dépend.

Certes, le respect de *toutes* les normes juridiques est aussi
impliqué par la législation éthique, dont c'est une norme
générale qu'il faut se conformer aux règles du droit ; mais cela
veut seulement dire que nous avons une raison *éthique* (en
termes kantiens : un mobile ou un ressort, *Triebfeder*) de nous
conformer subjectivement à une norme (juridique) dont la
validité est cependant indépendante du consentement que
nous *devons* lui apporter, mais que nous ne lui apportons pas
nécessairement :

> On voit que toutes les obligations, par cela seul qu'elles
> sont des obligations, relèvent de l'éthique ; cependant leur
> *législation* n'est pas pour autant toujours contenue dans
> l'éthique, mais pour beaucoup d'entre elles elle est extérieure à
> l'éthique[2].

---

1. Kant, *MdS*, *Rechtslehre*, *AA* VI, p. 231 ; *Mœurs*, *Droit*, *MM* 2, p. 17-18.

2. Kant, *MdS*, Einleitung, *AA* VI, p. 219 ; *Mœurs*, Introduction, *MM* 1,
p. 170.

Ce rapide balayage des textes introductifs de la *Métaphysique des Mœurs* permet de conclure à l'existence d'une sphère de normativité juridique *a priori* : il doit y avoir des impératifs juridiques catégoriques, comme il y a des impératifs éthiques catégoriques, s'il est bien vrai que les deux pans de la *métaphysique* des mœurs ont une égale dignité. Cela signifie en particulier deux choses.

1) La législation juridique, certes, est comme on l'a rappelé « celle qui peut aussi être extérieure », alors que la législation éthique « ne *peut* pas être extérieure » [1]. Mais elle ne se situe pas à un degré inférieur : si elle est, comme celle de l'éthique, une *législation*, elle ne peut pas avoir une moindre dignité normative. Il ne saurait y avoir de hiérarchie entre des impératifs catégoriques, puisque ceux-ci présentent une même structure « formelle », celle d'une règle ou d'un test d'universalisation. On n'évoquera ici que pour l'oublier aussitôt le contresens malheureusement fréquent selon lequel les normes juridiques seraient chez Kant de simples impératifs hypothétiques. S'il en était ainsi, étant donné que les impératifs hypothétiques ne relèvent pas à proprement parler de la métaphysique des mœurs [2], il n'y aurait aucun sens à entreprendre de constituer une métaphysique du droit, c'est-à-dire une doctrine des principes *a priori* de toute législation juridique positive possible, et la métaphysique des mœurs se réduirait à

1. Kant, *MdS*, Einleitung, *AA* VI, p. 220 ; *Mœurs*, Introduction, *MM 1*, p. 171.

2. Voir Kant, *MdS*, Einleitung, *AA* VI, p. 217- 218 ; *Mœurs*, Introduction, *MM 1*, p. 168 : « la philosophie ne peut comprendre dans sa partie pratique (à côté de sa partie théorique) aucune doctrine *techniquement* pratique, mais uniquement une doctrine *moralement* pratique ». Voir également Kant, *Grundlegung*, *AA* IV, p. 420 ; *Fondation*, *MM 1*, p. 96 : « l'impératif catégorique seul a la valeur d'une *loi* pratique, tandis que les autres impératifs ensemble peuvent bien être appelés des *principes*, mais non des lois de la volonté ».

l'éthique – ce que Kant pensait probablement encore lorsqu'il
rédigeait la *Grundlegung* et la *Critique de la raison pratique*.

2) Cette égale dignité des deux domaines de la législation
morale (droit et éthique) n'est pas incompatible avec une
différenciation formelle des types d'impératifs à l'œuvre dans
l'un et dans l'autre. La distinction usuelle, à laquelle Kant lui-
même ne se prive pas de recourir parfois, entre *forum internum*
et *forum externum* n'est pas forcément probante ; la formule
précitée (« la législation juridique est celle qui peut *aussi*
être extérieure ») l'indique clairement. Bien que les propos
explicites de Kant à ce sujet ne soient pas très précis, voire
prima facie contradictoires, on est tenté de mettre en relation la
différence entre lois juridiques et éthiques avec celle qui est
faite par ailleurs entre trois types de normes : la loi impérative
(*lex praeceptiva*), la loi prohibitive (*lex prohibitiva*) et la loi
permissive (*lex permissiva*). Certes, le troisième type de loi
n'est évoqué, dans l'Introduction de la *Métaphysique des
Mœurs*, que sur mode hypothétique[1]. Il est vrai que seules les
lois impératives et prohibitives sont à proprement parler des
lois ; la loi permettant d'accomplir une action, « si une telle loi
existe », ne nous fait connaître qu'un *adiaphoron morale*. Mais
il se pourrait que la prise en considération de la *lex permissiva*
soit un moyen de préciser la différence entre législation
juridique et législation éthique. Il va falloir y revenir.

Retenons de tout ceci que la *Métaphysique des Mœurs*, et
singulièrement sa première partie, la *Doctrine du droit*, met en
œuvre implicitement (sans la justifier ni la présenter de façon
expresse) une conception « déséthicisée » de l'obligation et

---

1. Voir Kant, *MdS*, Einleitung, *AA* VI, p. 223 ; *Mœurs*, Introduction, *MM* 1,
p. 175 : « On peut se demander s'il y a de telles actions [indifférentes] et, au cas
où il y en aurait, si [...] est requise encore, outre la loi impérative et la loi
prohibitive, une loi permissive. Si c'est le cas... ».

de l'obligatoriété, différente de celle qui était exposée dans la *Critique de la raison pratique*. Ce n'est pas que les dispositions subjectives et leur « éthicité » (*Sittlichkeit*) soient quelque chose de secondaire. Mais leur prise en compte n'est pas *requise* dans la définition extensive qu'il faut se donner de l'obligation. Or cette définition de l'obligation, plus faible en un sens que celle sur laquelle faisaient fonds les écrits des années 1780, n'est pas sans incidence sur la formulation même du « principe suprême de la moralité », tel qu'il est formulé dans la *Grundlegung* et dans la *Critique de la raison pratique*. Il va falloir, pour s'en assurer, examiner ce qu'il en est du statut de l'impératif catégorique *juridique*, dont l'existence a jusqu'à présent été en quelque sorte induite des propos de Kant relatifs à la symétrie de la *Métaphysique des Mœurs*. Mais faisons d'abord un bilan d'étape.

D'une manière générale, il y a dans les écrits kantiens tardifs un effort puissant de revalorisation de la normativité juridique et de ce qui était antérieurement qualifié de « simple légalité » (*bloße Legalität*) en regard de la moralité. C'est ainsi, par exemple, que *Le conflit des Facultés*, dans sa deuxième section, insiste sur le progrès authentique et vérifiable – le seul qui soit susceptible de l'être, en vérité – que sera « non un quantum toujours croissant de la *moralité* de la disposition d'esprit (*Gesinnung*), mais une multiplication des produits de sa *légalité* dans les actions conformes à l'obligation, quel que soit le ressort qui les provoque »[1]. Qu'il y ait dans l'histoire un « progrès moral » (au sens de progrès *éthique*) est hautement discutable, et surtout invérifiable ; en revanche, le progrès du *droit*, qui tend asymptotiquement vers l'établissement d'une constitution républicaine, voire d'une « société cosmo-

---

1. Kant, *Der Streit der Fakultäten*, *AA* VII, p. 91 ; *Le conflit des Facultés*, dans *OP* 3, p. 902.

politique »[1], est d'une part (indirectement) observable, d'autre part éminemment souhaitable. Sans doute est-on en droit et en devoir d'espérer un progrès éthique des hommes et d'y œuvrer ; mais « l'eudémonisme moral », avec les « espérances sanguinaires » qu'il suscite, « paraît être intenable »[2]. Les derniers écrits valorisent donc fortement le droit et cherchent à garantir son autonomie à l'égard des revendications éthiques. Par conséquent, il est légitime d'affirmer que la philosophie pratique de Kant, envisagée dans son évolution, tend vers une plus grande indépendance du droit, alors que l'éthique occupait le devant de la scène dans les écrits de 1785-1787.

De ce fait, une modification profonde de l'idée même d'obligation (ou plus exactement d'obligatoriété) s'opère entre 1788 et 1797, avec pour conséquence une réévaluation de l'obligation juridique : celle-ci, bien qu'elle soit extérieure et peut-être parce qu'elle l'est, est bien une obligation au sens plein du terme. De quelque manière qu'on la prenne, l'inclusion d'une « métaphysique du droit » à la philosophie morale pure implique une évaluation positive du *forum externum* et une affirmation de l'autonomie normative plénière des prescriptions juridiques à l'égard de la législation éthique. Ceci se traduit, sur le plan lexical, par la distinction nouvelle

---

1. Kant, *Der Streit der Fakultäten*, AA VII, p. 92 ; *Le conflit des Facultés*, dans *OP* 3, p. 903.

2. Kant, *Der Streit der Fakultäten*, AA VII, p. 81 ; *Le conflit des Facultés*, dans *OP* 3, p. 890-891. L'adjectif « sanguinaire », remplacé par « débordant » dans la traduction française citée, montre bien que Kant, lorsqu'il évoque la « conception eudémoniste de l'histoire », pense sans doute à la Révolution française et à son évolution durant la Terreur. On se souviendra à ce propos du mot de Hegel sur Robespierre : « on peut dire de cet homme qu'il a pris la vertu au sérieux ». L'histoire contemporaine a offert des exemples autrement sinistres des effets et des méfaits de l'eudémonisme moral : qu'on pense aux Khmers rouges.

entre *Moral* et *Ethik* (ou *Tugendlehre*, doctrine de la vertu) : la
« morale » est désormais le genre dont droit et éthique sont les
espèces. C'est ce qu'indique clairement le tableau (fautif) qui
figure dans les éditions classiques à la fin de l'Introduction de
la *Doctrine du droit*[1] : la morale, comme « système des obligations en général », se divise en une doctrine des « obligations
juridiques » et une doctrine des « obligations éthiques » (étant
entendu que les secondes incluent aussi en bloc les premières).

Le manque d'attention porté à ces importantes distinctions
a provoqué un contresens dommageable et récurrent sur les
deux appendices que comporte l'écrit sur la paix perpétuelle,
qui traitent respectivement de la « discordance » et de la
« concordance » de la morale et de la politique. Certes, dans le
deuxième appendice, Kant affirme que les politiciens devraient
toujours « fléchir le genou devant [la morale] »; mais il ne
s'agit pas alors de l'éthique (dont l'invocation en un discours
vertueux couvre au contraire souvent les pires violations du
droit de la part des machiavéliens primaires, si on ose nommer
ainsi les « moralistes politiques », ces « politiciens habiles »
fustigés par Kant[2]), mais bien de « la morale en tant que
doctrine du droit », comme on l'a rappelé plus haut. Et, à cette
occasion, Kant précise clairement qu'il faut distinguer *deux*
significations du terme « morale » : une signification éthique
et une signification juridique[3]. C'est bien à celle-ci que le

1. Kant, *MdS*, *Rechtslehre*, Einleitung, *AA* VI, p. 242 ; *Mœurs*, *Droit*,
Introduction, *MM* 2, p. 30. Bernd Ludwig a montré de façon convaincante que
le tableau auquel on se réfère ici est erroné, et que par ailleurs il doit trouver
place dans l'Introduction générale de la *Métaphysique des Mœurs* plutôt que
dans celle de la *Doctrine du droit*. Voir la version corrigée et déplacée du
tableau dans son édition de la *Rechtslehre* : Kant, *Metaphysische Anfangsgründe der Rechtslehre*, Hambourg, Meiner, 1986, p. 34.

2. Kant, *Frieden*, *AA* VIII, p. 372, 373 ; *Paix*, p. 137, 141.

3. Kant, *Frieden*, *AA* VIII, p. 386 ; *Paix*, p. 167.

« politicien moral » (qui se situe à l'opposé du « moraliste politique ») doit ou devrait conformer ses maximes, et surtout sa pratique. De fait, le droit seul, et non pas l'éthique, est en mesure de prescrire des normes valides et efficaces à la politique et aux politiciens.

L'IMPÉRATIF CATÉGORIQUE JURIDIQUE

Nous devons maintenant nous intéresser à ce que Kant dénomme le principe universel du droit ou encore, sous sa forme prescriptive, la « loi universelle du droit »[1], afin d'examiner s'il est bien, comme l'hypothèse en a été faite ci-dessus, la forme spécifiquement juridique de la seule et unique loi fondamentale de la raison pratique pure ; autrement dit, il s'agit d'examiner si ce principe constitue bien l'impératif catégorique juridique. Mais tout d'abord, pour écarter toute ambiguïté, pourquoi Kant parle-t-il au § B de l'Introduction de la *Doctrine du droit* d'un « concept *moral* » du droit[2] ? Ceci tient au déplacement terminologique opéré dans l'Introduction de la *Métaphysique des Mœurs* (et déjà dans la *Paix perpétuelle*), qui a été commenté ci-dessus. Si la morale (*die Moral*) est le genre dont droit et éthique sont les espèces, alors les normes juridiques rationnelles doivent, tout comme les normes éthiques, être des « lois morales » au sens de la deuxième *Critique*. Les unes et les autres, en effet, lois éthiques et lois juridiques, « ne valent comme lois que dans la mesure où elles peuvent être discernées comme fondées *a priori* et comme nécessaires »[3].

---

1. Kant, *MdS*, *Rechtslehre*, Einleitung, § C, *AA* VI, p. 231 ; *Mœurs*, *Droit*, Introduction, *MM* 2, p. 18.

2. Kant, *MdS*, *Rechtslehre*, Einleitung, *AA* VI, p. 230 ; *Mœurs*, *Droit*, Introduction, *MM* 2, p. 16. Je souligne.

3. Kant, *MdS*, Einleitung, *AA* VI, p. 215 ; *Mœurs*, Introduction, *MM* 1, p. 164.

En d'autres termes, parler d'un concept *moral* du droit, c'est affirmer qu'il y a bel et bien une « métaphysique du droit » relevant de plein droit de la philosophie morale, et plus précisément de sa partie pure, la métaphysique des mœurs. Ce concept moral du droit, ajoute Kant, « se rapporte à une obligatoriété qui lui correspond »[1]. En effet, l'obligatoriété (*Verbindlichkeit*), à savoir « la nécessité d'une action libre sous un impératif catégorique de la raison »[2], est la propriété distinctive de toutes les normes, l'action prescrite (ou interdite) étant elle-même définie comme une obligation (*Verpflichtung*). Mais quel est le propre de l'obligation juridique en regard de l'obligation éthique, ce qui revient à dire : quel est le *concept du droit* ? Kant indique trois éléments distinctifs de ce concept, mais un quatrième est présupposé, que le « principe du droit » (§ C) porte à l'expression : le non-respect de cette règle de compatibilité des arbitres subjectifs *doit* entraîner un acte de contrainte, la peine.

Premier caractère du droit : il « ne concerne que le rapport *extérieur*, et à vrai dire pratique » de personnes, « pour autant que leurs actions, en tant que *facta*, peuvent avoir (immédiatement ou médiatement) de l'influence les unes sur les autres »[3]. Qu'elles s'appliquent au « rapport extérieur » des personnes, et non à leurs dispositions intérieures constitue la spécificité des normes juridiques en regard des normes éthiques. Mais les normes juridiques n'obligent pas seulement « au for externe » ; en effet, elles n'ont de sens que si chacun reconnaît (ou est amené à reconnaître) son acte comme

1. Kant, *MdS, Rechtslehre*, Einleitung, *AA* VI, p. 230 ; *Mœurs, Droit*, Introduction, *MM* 2, p. 16.

2. Kant, *MdS*, Einleitung, *AA* VI, p. 222 ; *Mœurs*, Introduction, *MM* 1, p. 173.

3. Kant, *MdS, Rechtslehre*, Einleitung, p. 230 ; *Mœurs, Droit*, Introduction, *MM* 2, p. 16.

son acte ou son fait (*Tat*)[1], autrement dit s'il en assume (ou si
on lui en fait assumer) la responsabilité, en ce qu'il lui est
objectivement imputable[2]. Le droit est donc un rapport entre
personnes par le truchement de leurs actions, pour autant
qu'elles leur sont imputables et établissent objectivement entre
ces personnes une situation « d'*action réciproque* physique
possible » conduisant à « un rapport généralisé entre chacun et
tous les autres »[3] : à une situation où règne (au moins à titre de
norme, sinon factuellement) le droit.

Deuxième caractère distinctif du droit : il « ne signifie pas
le rapport de l'arbitre au *souhait* (par conséquent non plus
au simple besoin) d'autrui […] mais uniquement à l'*arbitre*
d'autrui »[4]. Je passe rapidement sur ce deuxième critère, car il
vise à vrai dire non pas à tracer la frontière entre les domaines
du droit et de l'éthique, mais à marquer la différence entre
les rapports proprement juridiques et les rapports physiques
de dépendance ou d'interdépendance : n'est juridique qu'une
situation où est engagé l'arbitre et même le libre arbitre (*freie*

---

1. Voir Kant, *MdS*, Einleitung, *AA* VI, p. 223 ; *Mœurs*, Introduction, *MM* 1,
p. 175 : « on appelle *acte* (*Tat*) une action (*Handlung*), pour autant qu'elle est
soumise à des lois d'obligation, et qu'en elle par conséquent le sujet est
considéré du point de vue de la liberté de son arbitre ».

2. Voir Kant, *MdS*, Einleitung, *AA* VI, p. 227 ; *Mœurs*, Introduction,
in *MM* 1, p. 180 : « L'imputation (*imputatio*) au sens moral est le *jugement*
par lequel on regarde quelqu'un comme l'auteur (*causa libera*) d'une action
qui s'appelle alors acte (*factum*) et est soumise à des lois ». W. Kersting
souligne que le concept de *factum* équivaut à peu près à celui d'action libre
(*Wohlgeordnete Freiheit*, Berlin, De Gruyter, 1984, p. 18).

3. Kant, *MdS*, *Rechtslehre*, § 62, *AA* VI, p. 352 ; *Mœurs*, *Droit*, *MM* 2,
p. 179.

4. Kant, *MdS*, *Rechtslehre*, Einleitung, *AA* VI, p. 230 ; *Mœurs*, *Droit*,
Introduction, *MM* 2, p. 16.

Willkür), autrement dit l'arbitre possiblement rationnel[1] des personnes, en tant que la marque de celui-ci est imprimée dans certaines actions qui leur sont imputables.

Troisième caractère du rapport de droit (et le droit concerne toujours un rapport, il est *ad alterum*, comme dit Thomas d'Aquin[2]) : le rapport d'arbitre à arbitre par l'intermédiaire d'actions imputables ne relève du droit que s'il concerne non la «matière», mais la «forme» de l'arbitre, ou plutôt de l'action imputée. La distinction entre matière et forme a ici la signification suivante : contrairement à l'éthique qui traite des «fins qui sont des obligations», et implique par conséquent, même si c'est sous l'angle de ce qui en elle est universalisable, la prise en considération de la «matière» de l'action projetée (*i. e.* de «la fin que tout individu a en vue concernant l'objet qu'il veut»), le droit ne prend pas en considération les «intentions» ou les «fins» subjectives que poursuivent les personnes mais seulement (et j'ai conscience de l'allure tautologique de l'expression) leur *forme juridique* :

> La doctrine du droit [a] uniquement affaire à la condition *formelle* de la liberté extérieure (consistant en l'accord de la liberté avec elle-même lorsque sa maxime [est] érigée en loi universelle), c'est-à-dire au *droit*. L'éthique en revanche fournit en outre une *matière* (un objet du libre arbitre), une *fin* de la raison pure qui est représentée en même temps comme fin

1. Sur les notions de *Willkür* (= la «faculté de désirer selon des concepts») et de *freie Willkür* (= l'arbitre qui «peut être déterminé par la *raison pure*» ou qui «peut être déterminé à des actions à partir de la pure volonté»), voir Kant, *MdS*, Einleitung, *AA* VI, p. 213 ; *Mœurs*, Introduction, *MM* 1, p. 161-162. Ce passage capital a été commenté de façon détaillée au premier chapitre.

2. Thomas d'Aquin, *Somme théologique*, II. 2, q. 57, art. 1, resp.

objectivement nécessaire, c'est-à-dire comme une obligation pour l'homme [1].

Donc le droit statue sur la compatibilité formelle des actions considérées comme libres de chaque personne avec la liberté d'autrui et sur leur conformité à l'ensemble des normes visant à définir et protéger cette liberté.

La *définition* du droit qui est donnée à la fin du § B de l'Introduction de la *Rechtslehre* résulte des deux premiers critères et, implicitement (puisque l'accord des arbitres ne peut être obtenu qu'en faisant abstraction des visées matérielles de chacun), du troisième. Rappelons cette définition :

> Le droit est donc l'ensemble des conditions auxquelles l'arbitre de l'un peut être accordé avec l'arbitre de l'autre d'après une loi universelle de la liberté [2].

En tenant compte des indications précédentes, on pourrait développer cette définition succincte de la manière suivante : relève du droit, dans une action, tout ce qui, sans considération de son contenu empirique et de ses fins immédiates ou médiates, concerne la compatibilité de la liberté de l'arbitre de la personne à qui l'action doit être imputée avec la liberté de l'arbitre de la ou des personnes impliquées dans ou concernées par cette action.

Le principe universel du droit (§ C de l'Introduction de la *Doctrine du droit*) n'est pas destiné à définir en extension la sphère des actions relevant du droit ; il indique la forme spécifique que revêt la normativité juridique s'appliquant à ces actions. Ce principe, selon mon hypothèse, n'est pas autre chose que la version juridique de l'unique impératif

---

1. Kant, *MdS*, *Tugendlehre*, *AA* VI, p. 380 ; *Mœurs*, *Vertu*, *MM* 2, p. 219.

2. Kant, *MdS*, *Rechtslehre*, Einleitung, *AA* VI, p. 230 ; *Mœurs*, *Droit*, Introduction, *MM* 2, p. 17.

catégorique, qui est la forme prescriptive de la loi « morale » universelle et qui vaut par conséquent aussi bien pour la normativité juridique que pour la normativité éthique. Cet impératif catégorique juridique, comme on doit le nommer, est formulé ainsi :

> Est *conforme au droit* (*recht*) toute action qui peut ou dont la maxime peut faire coexister la liberté de l'arbitre de chacun avec la liberté de quiconque selon une loi universelle [1].

A première vue, cet énoncé n'est pas normatif : il paraît se borner à décrire les caractères de l'action conforme au droit, et en ce sens il peut sembler faire double emploi avec la définition du droit formulée dans les lignes immédiatement précédentes. Mais Kant ajoute presque aussitôt que ce principe est « le principe de toutes les maximes » [2], bien que, du point de vue du droit, on ne puisse exiger de moi que je l'élise pour maxime (si j'adopte pour règle subjective de me conformer au droit, cette décision est éthique : elle fait d'une « fin » un « devoir » ou une obligation). Le « principe universel » est le critère d'évaluation *juridique* des maximes (ou des règles subjectives) d'action ; il a donc bien un caractère normatif que transcrit expressément la « loi universelle du droit », qui n'est pas autre chose que la forme impérative du « principe universel » :

---

1. Kant, *MdS*, *Rechtslehre*, Einleitung, *AA* VI, p. 230 ; *Mœurs*, *Droit*, Introduction, *MM* 2, p. 17. Je préfère, quitte à « sous-traduire », rendre l'adjectif *recht* par « conforme au droit », plutôt que de « surtraduire » en le rendant par « juste » (ce qui correspond plutôt à *gerecht*, terme apparenté à la justice, *Gerechtigkeit*).

2. Kant, *MdS*, *Rechtslehre*, Einleitung, *AA* VI, p. 231 ; *Mœurs*, *Droit*, Introduction, *MM* 2, p. 17.

> Agis extérieurement de telle manière que le libre usage de ton arbitre puisse coexister avec la liberté de tout un chacun suivant une loi universelle[1].

Il importe de souligner que cet impératif est bien un impératif *catégorique*, et non un impératif hypothétique. Il est vrai que Kant n'emploie pas cette expression telle quelle dans le texte de l'Introduction de la *Doctrine du droit*. Mais, je l'ai déjà indiqué, Kant indique à deux reprises dans la suite du texte que « la loi pénale est un impératif catégorique »[2], et il n'y a aucune raison pour laquelle la loi pénale seule, et non pas la loi juridique en général, aurait ce caractère. De surcroît, on lit ce qui suit dans une version préliminaire de ce qui deviendra le § 2 de la *Doctrine du droit* :

> Le postulat de la raison pratique en ce qui regarde l'usage extérieur de l'arbitre est un impératif catégorique de la volonté, [un impératif] qui est synthétique par rapport à la liberté de l'arbitre […] Le concept de droit est un concept de la raison, mais de la raison pratique, un concept qui détermine le libre arbitre […] en ce qui regarde le mien et le tien et fonde le concept de possession intellectuelle, c'est-à-dire du mien et du tien juridiques[3].

L'impératif juridique (le principe de l'obligation juridique) est catégorique parce qu'il s'impose à tout sujet et en toutes circonstances, parce qu'il n'implique aucune prise en

---

1. Kant, *MdS*, *Rechtslehre*, Einleitung, *AA* VI, p. 231 ; *Mœurs*, *Droit*, Introduction, *MM* 2, p. 18.

2. Kant, *MdS*, *Rechtslehre*, *AA* VI, p. 331 et 336 ; *Mœurs*, *Droit*, Introduction, *MM* 2, p. 152 et 159.

3. Kant, *Nachlass*, *AA* XXIII, p. 262-263. A propos de ce postulat et du « mien et tien » en général comme clef de voûte de la *Doctrine du droit*, voir R. Pippin, « Le Mien et le Tien. L'Etat kantien », dans J.-F. Kervégan (dir.), *Raison pratique et normativité chez Kant*, *op. cit.*, p. 89-105.

considération de la « matière » (des fins de l'action) et parce qu'il laisse entre parenthèses les maximes (les *raisons*) de l'auteur de l'action. De ce fait, ainsi qu'on l'a précédemment souligné, la norme juridique, bien qu'elle soit extérieure, n'est aucunement de valeur ou de « force » moindre que la norme éthique. Elle ne pourrait être considérée comme inférieure que dans la mesure où son extension est moins large que celle de la législation éthique. En effet, comme on l'a déjà dit, toutes les obligations juridiques, en tant qu'obligations, appartiennent *ipso facto* à l'éthique (lorsque celle-ci est comprise, comme c'est le cas chez Kant, de manière déontologique) ; la réciproque n'est évidemment pas vraie. Mais, du point de vue de la compréhension du concept, obligations juridiques et éthiques sont strictement d'égale valeur. Sinon, il n'y aurait pas un seul impératif catégorique, mais une échelle d'impératifs plus ou moins « forts » ; or il n'y a pas de degrés de catégoricité. D'ailleurs, s'il n'y avait pas d'*impératif* catégorique juridique, il n'y aurait pas non plus d'*obligation* juridique ; en effet, comme on l'a vu, « l'*obligatoriété* est la nécessité d'une action libre sous un impératif catégorique de la raison »[1].

On est donc en droit d'affirmer que, s'il a une effectivité, le « principe U », puisque c'est ainsi que Habermas et Apel rebaptisent la loi fondamentale pratique kantienne, est une structure normative commune aux *deux* domaines parallèles de la législation morale (au sens élargi de « philosophie pratique [=normative] pure ») ; par conséquent, il y a un impératif catégorique juridique tout comme il y a un impératif catégorique éthique, ces deux impératifs, semblables (sinon identiques) quant à leur structure, étant strictement de même poids. Mon hypothèse est que c'est cet impératif catégorique

---

1. Kant, *MdS*, Einleitung, *AA* VI, p. 222 ; *Mœurs*, Introduction, *MM* 1, p. 173.

juridique que Kant désigne du nom de « principe universel du droit ». Egalement qualifié de « loi universelle du droit », ce « principe de toutes les maximes » est bien une variété de l'impératif catégorique, s'il est vrai que celui-ci n'est rien d'autre qu'une règle « formelle » (*i. e.* s'appliquant possiblement à toute proposition normative) d'universalisation. Si tel n'était pas le cas, s'il n'y avait pas d'impératif *catégorique* juridique, il ne pourrait tout bonnement pas y avoir de *métaphysique* du droit, autrement dit de doctrine *a priori* des principes juridiques, mais seulement des règles de droit empiriques, qui seraient simplement factuelle (« positives ») et non pas normativement obligatoires. Or Kant prétend formellement qu'il existe une telle métaphysique : le titre de la première partie de la *Métaphysique des Mœurs* n'est-il pas *Premiers principes métaphysiques de la doctrine du droit* ? Tout cela ne veut cependant pas dire qu'il n'y ait pas de différence entre la version juridique et la version éthique de la loi « morale ». C'est cette différence qu'il faut maintenant tenter de préciser.

L'ORDRE JURIDIQUE RATIONNEL ET LA *LEX PERMISSIVA*

Une première différence entre législation juridique et législation éthique est exposée dans l'Introduction des *Premiers principes métaphysiques de la doctrine de la vertu* ; elle concerne, comme on l'a déjà indiqué plus haut, le type d'engagement de la subjectivité de l'agent à l'égard de la loi (morale) à laquelle il est appelé à se conformer. Kant écrit :

> Le concept d'obligation est immédiatement en relation avec une *loi* (même si je vais jusqu'à faire abstraction de toute fin comme matière de cette obligation), comme l'indique déjà le principe formel de l'obligation dans l'impératif catégorique :

« Agis de telle sorte que la maxime de ton action puisse devenir une *loi* universelle » ; toutefois, dans l'éthique, cette loi est pensée comme la loi de ta propre volonté et non comme celle de la volonté en général, qui pourrait être aussi la volonté d'autrui ; dans ce cas, en effet, on obtiendrait une obligation de droit, n'appartenant pas au domaine de l'éthique [1].

Ainsi, l'obligation juridique est celle qui s'adresse à la volonté en général, alors que l'obligation éthique s'adresse à la volonté singulière de l'agent ; ce qui revient à dire, selon le titre de la section VI de l'Introduction à la *Sittenlehre*, dont est tirée la phrase précédemment citée, que « l'éthique ne donne pas des lois pour les actions […] mais seulement pour les maximes des actions » [2]. On notera au passage que ces propos confirment bien ce qui a été avancé ci-dessus : la loi juridique (rationnelle) est bien un impératif catégorique, tout comme la loi éthique. Simplement, elle ne suppose pas l'*engagement* de la sub-jectivité envers la loi que la seconde requiert au contraire. Agir suivant l'éthique, c'est agir « par devoir » ; agir suivant le droit, c'est agir « conformément au devoir ». On retrouve bien la distinction de la *Fondation*, avec cette différence que désormais agir conformément au devoir, suivant la *légalité*, n'est pas *moins* moral qu'agir par devoir, de façon éthique : c'est agir selon une autre forme de la moralité (celle-ci étant entendue au sens élargi de doctrine des obligations pratiques en général).

La prise en compte de « l'engagement » du sujet à l'égard de la norme ne suffit toutefois pas encore à discerner ce qu'a d'absolument propre l'obligation juridique ; pour y parvenir, il convient de tirer parti de quelques notations, à vrai dire

1. Kant, *MdS*, *Tugendlehre*, *AA* VI, p. 388-389 ; *Mœurs*, *Vertu*, *MM* 2, p. 230.

2. Kant, *MdS*, *Tugendlehre*, *AA* VI, p. 388 ; *Mœurs*, *Vertu*, *MM* 2, p. 230.

imprécises, voire hésitantes, relatives à ce que Kant dénomme
la loi permissive, une notion qu'il emprunte apparemment à
Baumgarten[1], et dont il déclare qu'elle « s'offre d'elle-même
à toute raison procédant par division systématique »[2]. En
suivant ces indications, on pourrait considérer que la règle de
droit implique la combinaison d'une loi prohibitive et d'une loi
permissive, alors que la règle éthique serait plutôt une simple
loi prescriptive ou prohibitive. Le modèle de la règle de droit
serait donc : « l'action a est interdite ; toutefois, les actions b, c,
d... sont autorisées », ou tout simplement : « tout ce qui n'est
pas interdit est autorisé », proposition qui ne serait évidemment pas valable, ou du moins serait sans portée normative,
dans le cadre d'une éthique déontologique comme l'est celle
de Kant. On tiendrait donc ainsi un critère de démarcation
simple entre le domaine de l'éthique et celui du droit. Ce critère
combinant loi prohibitive et loi permissive est d'autant plus
fructueux qu'il permet de rendre compte d'une différence
majeure entre le droit et l'éthique que Kant, sans la thématiser
explicitement, enregistre implicitement : alors qu'une éthique
déontologique ne consigne que des *obligations*, le droit
(objectif) définit aussi des *droits* (subjectifs), c'est-à-dire des
« pouvoirs moraux d'obliger autrui », et peut-être même
des droits naturels (*natürliche Rechte*)[3]. La distinction qui
est faite à cette occasion entre *Naturrecht* et *natürliche
Rechte*, entre le droit de nature et les droits naturels, montre
que Kant, conscient du double sens que comporte le mot
allemand *das Recht* (comme le français « droit », du reste),

1. Voir les notes prises par Kant sur les *Initia philosophiae practicae
primae*, § 68, où Baumgarten fait cette distinction entre *lex praeceptiva*,
prohibitiva et *permissiva* : *AA* XIX, p. 34.

2. Kant, *Frieden*, *AA* VIII, p. 347, note ; *Paix*, p. 87.

3. Kant, *MdS*, *Rechtslehre*, Einleitung, *AA* VI, p. 237 ; *Mœurs*, *Droit*,
Introduction, *MM* 2, p. 25.

anticipe la distinction que feront bientôt les juristes entre
« droit objectif » et « droit subjectif », c'est-à-dire entre *law*
et *right*.

Le problème est cependant que Kant semble critiquer
explicitement cette utilisation de la notion de loi permissive
dans l'Introduction de la *Métaphysique des mœurs*, où il
s'interroge sur la pertinence du concept de loi permissive en
morale, sans pourtant suggérer son abandon :

> On peut [se] demander s'il y a de telles actions [moralement
> indifférentes] et, dans l'affirmative, si pour laisser quelqu'un
> libre de faire quelque chose ou de s'en abstenir à son gré, serait
> encore requise, outre la loi impérative (*lex praeceptiva*, *lex
> mandati*) et la loi prohibitive (*lex prohibitiva*, *lex vetiti*), une loi
> permissive (*lex permissiva*). Si une telle loi existe, cela signifie
> que l'habilitation pourrait ne pas toujours porter sur une action
> indifférente (*adiaphoron*), car pour une telle action aucune loi
> particulière ne serait requise[1].

On voit bien, toutefois, que ce que conteste Kant n'est pas
l'idée même de *lex permissiva*, mais plutôt la croyance selon
laquelle celle-ci offrirait un modèle permettant de se représenter des *adiaphora* éthiques, des actions moralement indifférentes. S'il existait des actes indifférents, « aucune loi particulière ne serait requise » pour les autoriser : il suffirait de
constater qu'ils ne sont pas interdits. Mais ce passage laisse
ouverte la possibilité que la notion de loi permissive puisse
avoir une autre application. Elle a en effet une teneur très
particulière, qu'indique bien cette formule empruntée à un
brouillon de l'Introduction à la *Doctrine de la vertu* : « la *lex
permissiva* est la loi suivant laquelle quelque chose qui est

---

1. Kant, *MdS*, Einleitung, *AA* VI, p. 223 ; *Mœurs*, Introduction, *MM* 1,
p. 175.

permis selon les lois de nature est interdit suivant les lois civiles »[1].

Cette teneur particulière, pour ainsi dire a-normale ou dérogatoire, lui permet de jouer un rôle en un lieu décisif de la *Doctrine du droit*, celui qui traite du passage de l'acquisition « provisoire » (précaire) à l'acquisition « péremptoire » d'une possession (qui devient ainsi une propriété de plein droit) grâce à l'institution d'une société civile[2]. La notion de loi permissive intervient donc dans un contexte hautement symbolique : celui du passage de « l'état de nature » (où toute possession est précaire, car il n'existe pas de règle reconnue du mien et du tien) à l'état civil ou à « l'état juridique », autrement dit lorsqu'il s'agit de la transition d'un « état de droit privé » vers un « état de droit public » garanti par les institutions d'un État, en particulier grâce à la mise en œuvre d'une justice distributive et corrective[3]. Bref, il s'agit d'établir pourquoi le concept de loi permissive est requis par la version kantienne du principe hobbien *exeundum est e statu naturali*, cette « norme ultime »[4].

Au § 2 de la *Doctrine du droit*, le « postulat juridique de la raison pratique » introduit et justifie en ces termes le droit d'appropriation exclusive en lieu et place de la possession originaire commune :

> Il est possible à mon arbitre de prendre pour mien tout objet extérieur, c'est-à-dire qu'une maxime d'après laquelle, si elle

---

1. Kant, *Nachlass*, *AA* XXIII, p. 385.

2. Voir Kant, *MdS*, *Rechtslehre*, § 8-9, p. 255-257, et § 15-16, p. 264-267 ; *Mœurs, Droit, MM* 2, p. 48-51 et 60-65.

3. Voir Kant, *MdS*, *Rechtslehre*, § 41-42, p. 305-308 ; *Mœurs, Droit, MM* 2, p. 119-122.

4. Kant, *Nachlass*, *AA* XIX, p. 600.

faisait loi, un objet de l'arbitre devrait être *en soi* (objectivement) *vacant* (*res nullius*), est contraire au droit [1].

En posant qu'il m'est permis de m'approprier toute chose,
autrement dit en consacrant le *jus in omnia* de Hobbes, le
postulat met en lumière la condition négative de tout ordre
consistant du droit privé : il ne doit *pas* y avoir de *res nullius*,
de chose sans maître (*herrenlos*), ou encore : tout doit être
appropriable. Or ce postulat, qui apparaît comme la *condition
d'effectivité* du principe du droit et de la loi universelle du droit
énoncés au § C de l'Introduction, est bel et bien une loi permissive : une loi, parce qu'il est d'application universelle ; une
loi permissive, parce qu'il ne dit pas qui possède quoi, mais
seulement que toute chose doit avoir un maître. Kant écrit :

> On peut appeler ce postulat une loi permissive de la raison
> pratique, qui nous confère l'habilitation que nous ne pouvons
> pas tirer des simples concepts du droit en général ; habilitation
> à imposer à tous les autres une obligation qu'autrement ils
> n'auraient pas, celle de s'abstenir d'user de certains objets de
> notre arbitre parce que nous avons été les premiers à les prendre
> en notre possession. La raison veut que cela ait valeur de
> principe, et cela en tant que raison *pratique* qui s'étend à la
> faveur de ce sien postulat *a priori* [2].

Ce postulat n'est pas une donnée factuelle : il énonce la
condition contrefactuelle permettant de penser l'existence
d'un ordre juridique, et en particulier d'un droit privé saturé,
sans « lacunes », comme diront les juristes du XIXᵉ siècle.

La *Doctrine du droit* recourt une seconde fois au concept
de *lex permissiva* : c'est au moment de la déduction du concept
de propriété, plus précisément pour expliquer l'idée

---

1. Kant, *MdS, Rechtslehre*, § 2, p. 246 ; *Mœurs, Droit, MM* 2, p. 36.
2. Kant, *MdS, Rechtslehre*, § 2, p. 247 ; *Mœurs, Droit, MM* 2, p. 37.

d'acquisition originaire et la nécessité d'une ratification globale du partage contingent et précaire du mien et du tien lors de l'institution d'un état de droit, qui lui-même a pour condition l'instauration d'une société politique et d'un État administrant le droit. Voici ce qu'écrit Kant :

> Or une telle acquisition [« originaire » et « provisoire »] nécessite pourtant et obtient d'ailleurs le consentement de la loi (*lex permissiva*) en ce qui concerne la détermination des limites de la possession juridiquement possible ; car elle précède l'état juridique et, ne faisant qu'y introduire, elle n'est pas encore péremptoire. Une telle faveur ne va néanmoins pas plus loin que le consentement *des autres* (participants) à l'établissement de cet état juridique, mais en cas de résistance de leur part à entrer dans cet état (civil), et aussi longtemps qu'elle dure, ce consentement de la loi est porteur de tous les effets d'une acquisition de plein droit, parce que cette sortie [de l'état de nature] est fondée sur une obligation[1].

Ce texte permet de comprendre la fonction singulière et (selon moi) nécessaire qu'a la loi permissive dans l'institution normative du droit (privé), un droit qui, par ailleurs, se constitue d'interdictions et de prescriptions corrélatives (les licitations juridiques n'ayant quant à elles besoin « d'aucune loi particulière ») : elle incarne le consentement de chacun à la répartition « originaire », pourtant contingente, du mien et du tien, consentement qu'il est nécessaire de présupposer si l'on veut qu'existe un ordre juridique consistant et stable.

D'une certaine façon, toute la construction kantienne du droit privé, et notamment la combinaison singulière qu'elle opère, sous le sceau de l'universalité normative (« la raison veut que cela ait valeur de principe, et cela en tant que raison pratique »), de la loi prescriptive-prohibitive et de la loi

---

1. Kant, *MdS*, *Rechtslehre*, § 16, *AA* VI, p. 267 ; *Mœurs*, *Droit*, *MM* 2, p. 65.

permissive, est donc une interprétation systématique de la
fameuse sentence de Rousseau : « Le premier qui, ayant enclos
un terrain, s'avisa de dire, *ceci est à moi*, et trouva des gens
assez simples pour le croire, fut le vrai fondateur de la société
civile »[1]. La « loi permissive » énonce le pieux mensonge sans
lequel l'ordre du droit serait éternellement précaire : ce qui est
acquis est bien acquis. La version kantienne de la sentence
rousseauiste est lapidaire : *Beati possidentes*, bienheureux les
propriétaires ![2] Mais, en sourdine, se fait entendre la réciproque de la proposition : Malheur à celui qui n'a rien ! Où l'on
voit que Kant a bien raison de distinguer soigneusement le
droit et l'éthique… Ce qu'il ne fait pas moins, à mon sens,
lorsqu'il « invente » le droit cosmopolitique.

LE DROIT COSMOPOLITIQUE COMME DROIT

Examinons le statut du droit cosmopolitique dans l'architecture de la philosophie pratique, en vue d'établir qu'il relève
bien du droit *stricto sensu* et ne constitue donc pas, comme
on a été parfois tenté de le croire, une « passerelle » entre droit
et éthique. Ce motif cosmopolitique surgit chez Kant dans les
écrits des années 1780, notamment dans le titre même de l'*Idée
d'une histoire universelle au point de vue cosmopolitique*.
Il traverse ensuite les écrits des années 1790, dans lesquels
il recoupe de manière complexe la question de la paix perpétuelle. Jusqu'au bout, Kant paraît d'ailleurs hésiter entre
deux conceptions de la *cosmopolis*, que je qualifierai

---

1. Rousseau, *Discours sur l'origine et les fondements de l'inégalité parmi
les hommes*, Œuvres complètes, t. III, Paris, Gallimard, 1964, p. 164.

2. Kant, *MdS*, *Rechtslehre*, § 6, *AA* VI, p. 251, et § 9, p. 257 ; *Mœurs, Droit*,
MM 2, p. 43 et 51.

respectivement d'inflationniste et de déflationniste. Selon
la première, la fin morale que l'humanité doit se prescrire
est l'instauration d'un Etat des peuples (*Völkerstaat*), d'une
république mondiale (*Weltrepublik*), voire d'un « Etat universel des hommes » (*allgemeiner Menschenstaat*) qui serait
l'unique moyen pensable en vue de la proscription, qui est
absolument souhaitable, de la guerre[1]. Selon la seconde, le
droit cosmopolitique « doit se restreindre aux conditions d'une
hospitalité universelle », ce pour quoi « il n'est pas question de
philanthropie, mais de droit »[2]. En réalité, pourtant, il ne s'agit
pas d'une hésitation, mais plutôt d'une tension factuellement
insoluble entre une perspective normative et les formes
concrètes pouvant permettre de se diriger, sans jamais y
parvenir, vers sa pleine réalisation. Mais il convient de
souligner que ces deux conceptions, maximale et minimale (un
minimum qui va bien au-delà de l'état présent du monde…),
sont l'une et l'autre de nature strictement *juridique* :

> Cette idée rationnelle d'une complète communauté *pacifique*,
> sinon encore amicale, de tous les peuples de la terre […] n'est
> pas quelque principe philanthropique (éthique), mais c'est un
> principe *juridique*[3].

Le droit cosmopolitique, quelle que soit son acception, est
d'abord du *droit* ; en tant que tel, il ne prescrit donc pas une fin
obligatoire (éthique), il se borne à définir les conditions extérieures autorisant entre les individus, ou entre les peuples,
certains rapports formalisés.

---

1. Voir les textes suivants de Kant : *Gemeinspruch*, *AA* VIII, p. 312-313 ;
Théorie et pratique, p. 59. Brouillon de *Zum ewigen Frieden*, *AA* XXIII, p. 169.
Frieden, *AA* VIII, p. 349, note ; *Paix*, p. 89.

2. Voir Kant, *Frieden*, *AA* VIII, p. 357 ; *Paix*, p. 107.

3. Kant, *MdS*, *Rechtslehre*, § 62, *AA* VI, p. 352 ; *Mœurs*, *Droit*, *MM* 2,
p. 179.

L'interprétation inflationniste du motif cosmopolitique est surtout développée dans des écrits relevant non pas de la métaphysique des mœurs, en tant qu'elle constitue la partie pure (et purement normative) de la philosophie pratique, mais de l'anthropologie morale, qui se préoccupe de l'application de ces principes à la *nature* humaine en tant qu'objet de l'expérience[1]. Le chapitre suivant reviendra sur le statut des considérations de Kant sur l'histoire. Mais, en tout état de cause, la précision qui vient d'être faite relativise la portée des considérations que propose ce texte sur la perspective d'instauration d'un « *état (Zustand) cosmopolitique universel* » prenant la forme d'un « grand corps politique futur dont le monde passé ne saurait produire aucun exemple »[2]. Elles relèvent de ce que Kant nommera ultérieurement « histoire conjecturale » ou « histoire prophétique du genre humain »[3], une entreprise qui recherche dans l'*expérience* des éléments permettant, grâce à l'exercice du jugement *réfléchissant*, de concevoir l'idée (téléologique) du terme d'un processus inachevé, et qui ne relève donc pas de l'exercice normatif de la raison pratique, qui prend toujours la forme de jugements *déterminants*. Au demeurant, le contenu de la philosophie pratique *pure*, on peut le constater à la lecture de la *Métaphysique des Mœurs*, n'est aucunement modifié par l'introduction qui a été faite dans la troisième *Critique* de la thématique du jugement réfléchissant (qu'il soit de goût ou de finalité), alors qu'il a subi pour d'autres raisons les transformations importantes qui ont été analysées au premier et au deuxième chapitre de ce livre.

---

1. Voir Kant, *MdS*, Einleitung, *AA* VI, p. 216-217 ; *Mœurs*, Introduction, *MM* 1, p. 166-167.

2. Kant, *Idee*, Satz 8, *AA* VIII, p. 38 ; *Idée*, dans *Opuscules*, p. 85-86.

3. Voir respectivement Kant, *Mutmaßlicher Anfang*, *AA* VIII, p. 109 ; *Conjectures*, dans *Opuscules*, p. 145, et *Der Streit der Fakultäten*, *AA* VII, p. 84 ; *Le conflit des Facultés*, p. 99.

Et c'est normal ; en effet, c'est seulement par rapport à une *nature* que peut se poser le problème d'une éventuelle « légalité du contingent ». Les obligations pratiques, quant à elles, ont dans l'autonomie rationnelle la seule origine de leur obligatoriété : elles illustrent le pouvoir qu'a la raison de soumettre l'arbitre (*Willkür*) aux lois d'une volonté rationnelle qui, « dans la mesure où elle peut déterminer l'arbitre, est la raison pratique elle-même »[1]. Par conséquent, le motif cosmopolitique, tel qu'il intervient dans l'*Idée d'une histoire universelle*, dans *Théorie et pratique* ou dans *Le conflit des Facultés*, n'a pas de véritable portée normative : il ne définit pas un *Sollen*, mais seulement une perspective contrefactuelle proposant une grille sensée d'interprétation de phénomènes qui restent « naturels », même si c'est la nature *humaine* qu'ils affectent. Kant ne dit pas *ici* (dans *Idée d'une histoire universelle…*) que nous *devons* œuvrer à réaliser une « situation cosmopolitique universelle », mais que nous avons de bonnes raisons de *faire comme si* « la nature » y travaillait secrètement en nous et pour ainsi dire malgré nous. Que nous le devions *aussi*, c'est ce que seule la raison normative peut établir « despotiquement ».

Dans d'autres passages, en revanche, Kant développe une interprétation que j'ai nommée déflationniste du motif cosmopolitique. C'est le cas, à ce qu'il me semble, dans l'écrit sur la paix perpétuelle et dans la *Doctrine du droit*, mais aussi dans *Théorie et pratique*. C'est dans cet écrit de 1793, en effet, qu'apparaît un argument qui va se retrouver ultérieurement, toujours à l'appui d'une interprétation faible du cosmopolitisme : s'il est vrai que l'établissement d'une « constitution cosmopolitique » ou d'un *Völkerstaat* comporterait le risque

---

1. Kant, *MdS*, Einleitung, *AA* VI, p. 213 ; *Mœurs*, Introduction, *MM* 1, p. 162.

du «plus terrible despotisme»[1], alors on doit œuvrer non
pas tant à l'institution d'une «*république mondiale*»[2] qu'à
l'établissement de rapports de droit aussi bien entre les
Etats (avec un droit international visant à la mise en place
d'une Fédération d'Etats administrant pacifiquement le droit)
qu'entre les individus et les Etats (avec un droit cosmopolitique assurant une «hospitalité universelle» aux individus
tentés ou contraints de s'expatrier)[3]. Ainsi compris, le droit
cosmopolitique prescrit seulement (mais c'est beaucoup !) les
conditions dans lesquelles les individus, compris comme
«citoyens de la terre» (*Erdbürger*)[4] et non pas comme
citoyens d'un Etat particulier, peuvent développer leur activité
en dehors de cet Etat dont ils sont les ressortissants, peuvent
«entrer dans un rapport continuel de chacun avec tous les
autres consistant à se prêter au commerce réciproque»[5].
Il ne s'agit pas, précise la *Paix perpétuelle*, d'un «*droit
d'hospitalité* auquel [l'individu] pourrait prétendre», car «on
peut refuser de le recevoir», mais d'un «*droit de visite*»
permettant à chaque homme de «tenter de lier commerce
avec les indigènes»[6]. Il est bien certain que le commerce
(*Verkehr, commercium*), entendu comme «*action réciproque
physique*»[7], ne se limite pas aux activités «commerciales»,
aux échanges économiques; mais c'est un fait que les

1. Kant, *Gemeinspruch, AA* VIII, p. 311 ; *Théorie et pratique*, p. 56.

2. Voir Kant, *Frieden, AA* VIII, p. 357 ; *Paix*, p. 105.

3. Kant, *Frieden, AA* VIII, p. 357-358 ; *Paix*, p. 107.

4. Kant, *MdS, Rechtslehre*, §62, *AA* VI, p. 353 ; *Mœurs, Droit, MM* 2,
p. 180.

5. Kant, *MdS, Rechtslehre*, §62, *AA* VI, p. 352 ; *Mœurs, Droit, MM* 2,
p. 179.

6. Kant, *Frieden, AA* VIII, p. 358 ; *Paix*, p. 107.

7. Kant, *MdS, Rechtslehre*, §62, *AA* VI, p. 352 ; *Mœurs, Droit, MM* 2,
p. 179.

différents exemples évoqués par Kant renvoient à ce registre.
C'est pourquoi il est permis de formuler l'hypothèse que le
droit cosmopolitique, compris en sa signification restreinte,
occupe chez Kant une place qui correspond à celle de ce
que l'on nomme aujourd'hui le *droit international privé*.
Il a vocation à encadrer de manière normative les pratiques
économiques et commerciales des individus (et, par extension,
des groupements sociaux) en dehors du territoire national, de
façon à accompagner d'une part la probable « mondialisation »
des échanges, mais à prévenir d'autre part les débordements,
voire la sauvagerie de la colonisation, sur la réalité de laquelle
le jugement de Kant est très sévère : il fustige par exemple la
« conduite *inhospitalière* des Etats civilisés, en particulier des
Etats commerçants de notre continent »[1]. Ainsi entendu, et
malgré les limites historiques évidentes du propos (Kant envi-
sage exclusivement la colonisation du monde par l'Europe,
mais n'imagine évidemment pas le phénomène plus tardif
d'émigration massive de ressortissants du Tiers monde
en direction des pays économiquement développés), le droit
cosmopolitique peut être compris comme une manière auda-
cieuse d'affronter sur le terrain du droit le problème de la
constitution d'une société civile mondiale (la véritable *cosmopolis*) relevant *de facto* d'une autre économie normative que
celle du droit *étatique*, interne ou externe.

Il est vrai, et je l'ai indiqué plus haut, que Kant ne choisit
pas vraiment entre les deux interprétations, forte et faible,
du motif du droit cosmopolitique. Il écrit par exemple, à la fin
du second article définitif en vue de la paix perpétuelle, que
l'idée d'une Fédération d'Etats ou d'une Société des Nations
(*Völkerbund*) administrant le droit et arbitrant pacifiquement les contentieux de ses membres n'est que le succédané

---

1. Kant, *Frieden*, *AA* VIII, p. 358 ; *Paix*, p. 109.

(*Surrogat*) de celle de république mondiale (*Weltrepublik*) ou d'Etat des peuples (*Völkerstaat*)[1]. Il semble donc bien que, sur le terrain du droit « international » (dont Kant, par ailleurs, fait observer justement qu'il vaudrait mieux le nommer « interétatique » que « international »[2]), et en dépit de la critique décisive qu'il adresse lui-même à l'idée d'Etat mondial, qui pourrait ouvrir la voie à un despotisme sans limites, Kant ne renonce pas à l'idée d'une unification politique du genre humain, au moins à titre de perspective idéale. Mais, à défaut de la réalisation, hautement improbable, de celle-ci, l'existence (à tout le moins théorique) d'un droit *méta*-étatique comme le droit cosmopolitique est l'indice de ce que « l'idée d'une association juridique des hommes sous des lois publiques en général »[3] excède en extension celle d'un droit strictement étatique ou interétatique. Kant, et ce n'est pas le moindre intérêt qu'il a pour notre temps, a aperçu qu'une pensée rigoureuse du droit implique sans doute un débordement du cadre « statocentré » de la philosophie moderne du droit. Opéré à la fois par en bas (le droit *privé* doit, quant à son concept, être pensé indépendamment de la condition d'*effectivité*, non de possibilité, qu'est pour lui l'ordre du droit étatique) et par en haut (le droit *cosmopolitique* « minimal » définit le cadre conceptuel d'un droit international privé à venir), ce débordement est la condition de pensabilité d'un « droit public des hommes en général »[4] – un droit qui précisément ne se restreint pas aux droits de l'homme, tout en rendant concevable leur exigibilité.

1. Kant, *Frieden*, *AA* VIII, p. 357 ; *Paix*, p. 105.

2. Kant, *MdS, Rechtslehre*, § 53, *AA* VI, p. 343 ; *Mœurs, Droit, MM* 2, p. 167.

3. Kant, *MdS, Rechtslehre*, Beschluss, *AA* VI, p. 355 ; *Mœurs, Droit, MM* 2, p. 183.

4. Kant, *Frieden*, *AA* VIII, p. 360 ; *Paix*, p. 111.

POUR CONCLURE : UN ARGUMENT KANTIEN
EN FAVEUR D'UNE CONCEPTION POSITIVISTE DU DROIT

La grande fermeté avec laquelle Kant, dans ses écrits
tardifs, distingue normativité juridique et normativité éthique
au sein de la sphère morale (dont l'unité tient à celle de la
raison pratique même en ses divers usages), permet de faire de
lui, à certains égards, un précurseur (paradoxal) du positivisme
juridique. Un précurseur paradoxal puisque, de toute évidence,
Kant se considère lui-même plutôt comme un rénovateur
du droit naturel moderne que comme son fossoyeur. Il est
bien évident que son entreprise vise au premier chef à conférer
au droit « naturel » (qu'il vaut mieux, d'ailleurs, nommer
droit *rationnel*, comme Hegel y insistera, pour éviter ce qu'a
d'ambigu la référence à une « nature » là où il s'agit de l'autodétermination rationnelle de la liberté[1]) l'assise théorique qui
lui faisait défaut chez ses prédécesseurs : la conception de la
raison pratique comme pouvoir « autonome » (ce qui veut également dire : indépendant de la « normalité » sociale et politique) de prescrire des normes d'action dont la validité soit
indépendante de tout contexte d'empiricité et universellement
attestable (sous la garantie du « fait de la raison »). Il écrit par
exemple, de façon très classique :

> Les droits en tant que doctrines systématiques se divisent
> en *droit de nature*, qui repose uniquement sur des principes
> *a priori*, et *droit positif* (statutaire), qui procède de la volonté
> d'un législateur[2].

---

1. Voir Hegel, *Leçons sur le droit naturel et la science de l'État*, § 2,
trad. J.-Ph. Deranty, Paris, Vrin, 2002, p. 48-49.

2. Kant, *MdS*, *Rechtslehre*, Einleitung, *AA* VI, p. 237 ; *Mœurs*, *Droit*,
Introduction, *MM* 2, p. 25. Voir également *MdS*, *Rechtslehre*, § 36, AA VI,
p. 296 ; *Mœurs*, *Droit*, *MM* 2, p. 105 : « par droit de nature, on entend

Il est bien clair que pour Kant, comme pour toute la tradition jusnaturaliste, le droit positif ou « statutaire » n'a de validité que dans la mesure où il peut se fonder sur des principes rationnels *a priori*, qui constituent précisément le contenu du « droit de nature », du droit rationnel. Donc, tout comme Fichte ou Hegel, Kant n'est évidemment pas positiviste au sens commun du terme, puisqu'il nie l'autonomie conceptuelle du droit positif à l'égard du droit rationnel. Et il eût partagé, s'il en avait eu connaissance, le point de vue de Fichte déclarant que « le droit contracté et écrit n'est jamais du droit s'il ne se fonde pas sur la raison. Tout droit est pur droit de raison »[1]. Lui-même, bien qu'il oppose comme on l'a vu droit de nature et droit positif dans l'Introduction de la *Rechtslehre*, écrit d'ailleurs dans une page inédite : « Tout droit doit reposer simplement sur des principes rationnels, même le droit statutaire, dont les lois doivent être conformes aux principes du droit »[2].

Pourtant, il n'est pas absurde de considérer d'une certaine manière Kant (ainsi que Fichte et Hegel, selon d'autres modalités) comme un précurseur du positivisme en ce qu'il a de raisonnable, et il n'est pas aberrant de chercher chez lui des arguments susceptibles, moyennant certaines adaptations, d'être utilisés contre les tendances antipositivistes qui se

uniquement le droit qui n'est pas statutaire, par conséquent purement et simplement le droit qui est susceptible d'être conçu *a priori* par la raison de tout homme ». Je traduis *Naturrecht* par « droit de nature » pour éviter toute confusion avec ce que Kant nomme *das natürliche Recht*, terme qui désigne l'ensemble des droits naturels subjectifs (voir *MdS*, *Rechtslehre*, Einleitung, AA VI, p. 242 ; *Mœurs*, *Droit*, Introduction, *MM* 2, p. 31).

1. Fichte, *System der Rechtslehre*, *W* X, p. 499.

2. Kant, *Nachlass*, *AA* XIX, p. 237. Comparer avec Hegel, *Grundlinien*, § 3 A., *Werke* 7, p. 35 ; *PPD*, p. 141 : « Le droit naturel ou le droit philosophique est différent du droit positif [;] mais ce serait une grande méprise que de renverser ceci [en prétendant] qu'ils seraient opposés et en conflit ; celui-là est plutôt, vis-à-vis de celui-ci, dans le rapport des *Institutiones* aux Pandectes ».

manifestent aujourd'hui en philosophie du droit. Tout d'abord, sur un plan très général, les philosophes de l'idéalisme allemand s'accordent à considérer que le droit rationnel n'est pas une norme idéale, abstraite ; il a vocation à informer le droit positif, à se transformer en droit statué par l'Etat. De ce point de vue, ces philosophes – en tout cas les trois qui ont été cités – peuvent être considérés sinon comme des précurseurs du positivisme juridique, du moins comme des penseurs dont la conception de la rationalité et de la normativité en ont indirectement favorisé l'éclosion. Mais mon propos a une raison plus précise : Kant peut être considéré comme un précurseur indirect du positivisme juridique dans la mesure où il propose des arguments puissants en faveur d'une de ses thèses centrales, la séparation entre droit et morale (ou, dans son propre vocabulaire, entre droit et éthique). Que cette séparation soit une composante essentielle du projet positiviste, l'œuvre d'un auteur comme Kelsen en témoigne. Kelsen considère en effet – c'est un point sur lequel il n'a jamais varié – que

> la pureté méthodologique de la science du droit est compromise par le fait qu'on ne la sépare pas ou pas assez clairement de l'éthique, c'est-à-dire que l'on ne distingue pas clairement entre droit et morale [1].

Un positiviste *soft* comme Hart fait lui aussi de la « non-connexion nécessaire entre droit et morale, ou entre le droit tel qu'il est et le droit tel qu'il devrait être » un des traits distinctifs de la conception positiviste du droit, même si ce n'est pas le seul [2]. Ainsi, le positivisme juridique théoriquement élaboré confère une importance cardinale à la séparation du droit et de l'éthique, et veille à ce que l'argumentation juridique ne se

---

1. Kelsen, *Théorie pure du droit, op. cit.*, p. 66.
2. H. L. A. Hart, *The Concept of Law*, p. 302 ; *Le concept de droit*, p. 318.

fonde pas, pour employer le vocabulaire de Dworkin, sur des
« principes » qui relèveraient d'une autre sphère normative
et d'un autre type d'argumentation que celui du droit. Or
l'actuelle contestation du positivisme, qui est indéniablement
au diapason de l'esprit du temps[1], s'appuie de manière explicite (Dworkin) ou implicite (Habermas) sur le refus de la séparation entre droit et éthique. Il y a naturellement d'excellentes
raisons théoriques et morales, peut-être aussi politiques,
d'affirmer la prééminence de la normativité éthique. Il est
également peu contestable que la pratique juridique elle-même
semble s'orienter dans cette direction : qu'on pense par exemple au phénomène de la juridification, voire de la constitution-
nalisation des droits de l'homme et des textes qui les ont
proclamés. Mais cette tendance comporte de grands risques,
puisque le dissentiment sur les normes morales et leurs possibles effets juridiques semble se développer, y compris en
Europe occidentale, terre native du positivisme juridique :
on se souvient des débats qu'a suscités, il y a quelques années,
l'interdiction des signes religieux dans les lieux d'enseignement. Il me semble que, dans une situation de pluralisme
culturel et moral, le credo positiviste – seul le droit donne des
droits – conserve sa valeur et peut être défendu au moyen
d'arguments forts. Il n'est pas indifférent que certains d'entre
eux aient pu être formulés par un philosophe comme Kant,
dont la conscience de soi était résolument antipositiviste.

---

1. Comme on le voit à l'écho important qu'ont toutes les questions
juridiques qui ont des implications éthiques évidentes (arrêt Perruche, affaire
Humbert, mariage pour tous, *etc.*).

CHAPITRE IV

UNE MÉTAPHYSIQUE SANS HISTOIRE ?

> *Dans un désert inexploré, il faut laisser au penseur, comme à un voyageur, entière liberté de choisir sa route au gré de ses convenances. Il faut attendre de voir comment il s'en sort et si, après qu'il a atteint son but, il rentre sain et sauf au bercail, c'est-à-dire au domicile de la raison*[1].

Bien des commentaires talentueux ont été publiés sur la philosophie kantienne de l'histoire. Ils se sont efforcés, sans être forcément entendus, de repérer les méprises dont elle a fait l'objet et de rectifier les contresens malheureux dont elle a été victime. On a souligné à bon droit, par exemple, tout ce qui distingue en dépit des apparences la thématique hégélienne de la ruse de la raison (qui est d'ailleurs mal comprise, à mon sens, lorsqu'on l'interprète seulement à partir de l'usage parcimonieux qui en est fait dans les cours sur la philosophie de l'histoire[2]) et le motif présumé kantien de la « ruse de la

---

1. Kant, *Rezensionen zu Herder*, AA VIII, p. 64 ; *Compte-rendu de Herder*, dans *Opuscules*, p. 119.
2. Voir, à propos de ce *topos* et des limites de sa portée, J.-F. Kervégan, *Hegel et l'hégélianisme*, Paris, P.U.F., 2005, p. 22-25.

nature » (une expression que Kant n'emploie d'ailleurs pas ; il parle en revanche à de multiples reprises dans l'*Idée d'une histoire universelle au point de vue cosmopolitique* d'un « dessein » ou d'un « plan » de la nature, qui permettrait de supputer que l'histoire a un « fil conducteur »[1]). Mais il est une question préjudicielle que l'on ne soulève guère, tout en lui apportant une réponse implicite : y a-t-il vraiment chez Kant quelque chose comme une philosophie de l'histoire ? La plupart des commentateurs considèrent, par le choix même de leur vocabulaire, que c'est une évidence. Pour ma part, j'aurais plutôt tendance à répondre à cette question par la négative, du moins si le mot « philosophie » est utilisé avec le sens strict que lui donne Kant – la philosophie est le « système de la connaissance rationnelle par concepts »[2] – et si l'on comprend le dessein qui est le sien dans ses écrits sur l'histoire. Selon ses propres dires, ils ne relèvent pas de la « philosophie [pratique] pure », mais au premier chef de « l'anthropologie morale », laquelle porte non pas sur les principes rationnels de l'agir, mais sur les « conditions de [leur] mise en œuvre », conditions qui résident pour une large part dans la « *nature* particulière de l'homme »[3]. Toutefois, si on inclut à la philosophie, à côté de sa partie pure (la métaphysique), une partie appliquée, on pourra considérer qu'il y a bien, en un sens large, un propos

---

1. Voir Kant, *Idee*, *AA* VIII, p. 17, 18, 25, 27, 29, 30 ; *Idée*, dans *Opuscules*, p. 70, 71, 81, 83, 86, 87, 88.

2. Kant, *KrV*, B 741 ; *CRp*, p. 604. Définitions identiques : *KU*, *AA* V, p. 171 ; *CJ*, p. 149. *Erste Einleitung, AA* XX, p. 195 ; *Première Introduction*, p. 13. *Metaphysische Anfangsgründe, AA* IV, p. 470 ; *Premiers principes*, dans *OP* 2, p. 366. *Logik, AA* IX, p. 23 ; *Logique*, p. 23. *Vorlesungen über die Metaphysik*, p. 3 ; *Leçons de métaphysique*, p. 116.

3. Kant, *MdS*, Einleitung, *AA* VI, p. 217 ; *Mœurs*, Introduction, *MM* 1, p. 166-167. Voir également *Anthropologie, AA* VII, p. 119-122 ; *Anthropologie* fr, p. 83-85.

philosophique sur l'histoire, pour autant que ce mot renvoie de manière univoque à un concept, ce qui chez Kant n'est pas évident. Il convient donc d'examiner les choses de près, afin d'établir la position précise qui revient à ladite « philosophie de l'histoire » dans la systématique kantienne et en vue d'en tirer un certain nombre d'enseignements quant au statut de la rationalité normative.

DE LA PHILOSOPHIE, DE LA MÉTAPHYSIQUE
ET DE QUELQUES SUJETS CONNEXES

On a déjà évoqué, au deuxième chapitre, la question de la structure systématique que requiert, selon Kant, une philosophie ou une métaphysique « qui voudra se présenter comme science », pour autant que « l'unité systématique est ce qui en première ligne transforme la connaissance commune en science »[1]. Le problème qui se pose à ce propos est bien connu. Bien qu'il y ait trois « pouvoirs supérieurs de connaître » (l'entendement, la raison et la faculté de juger), autrement dit trois manières de « connaître d'après des principes »[2], et par voie de conséquence trois programmes critiques en quelque sorte propédeutiques, la philosophie elle-même, qui a pour seul et unique « territoire » l'expérience possible, comporte et ne peut comporter que deux « domaines »[3], qui correspondent chacun à un type spécifique de législation, autrement dit à une

1. Kant, *KrV*, B 860 ; *CRp*, p. 674.
2. Kant, *Erste Einleitung, AA* XX, p. 245 ; *Première Introduction*, p. 76.
3. Pour la distinction méticuleuse entre champ (*Feld*), territoire (*Boden*) et domaine (*Gebiet*), voir Kant, *KU*, Einleitung, *AA* V, p. 174 ; *CJ*, p. 152-153. Le champ désigne l'objectivité (ou l'objectalité) en général ; le territoire, l'objectivité connaissable ; le domaine, l'objectivité connaissable *a priori* (*i. e.* d'après des lois produites par la faculté « en charge » de ce domaine).

forme spécifique de *normativité* : la législation par les concepts de la nature (normativité de l'entendement et de ses « règles » quant à l'expérience possible) et la législation par le concept de la liberté (normativité de la raison et de ses « principes » quant aux actions et à leurs maximes). C'est la raison pour laquelle la distinction commune entre philosophie théorique et philosophie pratique est « tout à fait légitime »[1].

Il convient de noter en passant une conséquence importante (il va falloir s'en souvenir dans ce qui suit) de cette partition de la philosophie en deux domaines que distingue le type de normativité (intellective[2] ou rationnelle) qui y est mis en œuvre. Comme elle « n'a […] pas une législation qui lui soit propre »[3], la faculté de juger ne dispose d'aucun *domaine* qu'elle puisse organiser à l'aide de ses seules ressources. Il est assez clair que l'usage déterminant de la faculté de juger (la subsomption d'un cas particulier sous une règle ou une loi générale donnée) est *cognitif* : soumettre un cas particulier à une règle universelle (qu'elle relève de l'entendement ou de la raison) est un acte de connaissance. Mais son usage réfléchissant, bien que non cognitif au sens propre du terme, relève lui aussi de la philosophie *théorique* :

> Tout ce que nous pourrions avoir à dire des principes propres à la faculté de juger doit nécessairement être mis au compte de

---

1. Kant, *KU*, Einleitung, *AA* V, p. 171 ; *CJ*, p. 149.

2. Faute de mieux, j'utilise cet adjectif pour traduire l'allemand *verständlich*, qui chez Kant relève bien plus du registre de l'expliquer (*erklären*) que de celui du comprendre (*verstehen*), pour reprendre une thématique qui est depuis Dilthey devenue un *topos*. Voir à ce propos les fortes analyses de G. H. von Wright, *Explanation and Understanding*, Ithaca, Cornell University Press, 1971.

3. Kant, *KU*, Einleitung, *AA* V, p. 177 ; *CJ*, p. 155.

la partie théorique [de la philosophie], c'est-à-dire au compte de la connaissance rationnelle selon des concepts de la nature [1].

La particularité de l'usage réfléchissant du jugement au sein du domaine de la théorie est qu'en lui « c'est uniquement au sujet que la faculté de juger se rapporte » [2]. En effet, il se borne à suggérer, sur le mode du « tout se passe comme si », une perspective d'unification *subjective* des connaissances (empiriques) relatives à la *nature*. C'est la raison pour laquelle la faculté de juger « se montre incapable de produire aucune connaissance » [3] : elle n'a pas et ne peut avoir de portée *objective*, raison pour laquelle Kant parle souvent de jugements « simplement » réfléchissants, comme l'a noté Béatrice Longuenesse [4] ; je dirai que la faculté de juger ne dispose pas, contrairement à l'entendement et à la raison, d'une capacité normative, si l'on entend par là le pouvoir de structurer un champ suivant des règles. Certes, elle a pour vocation de « relier en un tout les deux parties de la philosophie », d'être le « moyen terme » (subjectif) qui permet une circulation (un « passage », *Übergang*) entre les deux législations de l'entendement (cognitif) et de la raison (normative) en faisant comme si des régularités empiriques pouvaient être considérées comme l'effet d'une activité normative de la raison [5]. Mais ce passage s'effectue *à sens unique*, à partir du domaine de la législation par les concepts relatifs à la nature, comme l'indique clairement la *Critique de la faculté de juger*. Par

1. Kant, *KU*, Einleitung, *AA* V, p. 179 ; *CJ*, p. 157-158.

2. Kant, *Erste Einleitung*, *AA* XX, p. 208 ; *Première Introduction*, p. 27.

3. Kant, *Erste Einleitung*, *AA* XX, p. 246 ; *Première Introduction*, p. 78.

4. B. Longuenesse, *Kant et le pouvoir de juger*, Paris, P.U.F., 1993, p. 209. S'il est vrai qu'il y a des « jugements sur le sensible » qui sont réfléchissants *et* déterminants (*loc. cit.*), ceci ne concerne à l'évidence que le domaine cognitif-théorique et non le domaine normatif-pratique.

5. Kant, *KU*, Einleitung, *AA* V, p. 176 ; *CJ*, p. 155.

conséquent, à première vue du moins, la thématique du jugement réfléchissant n'a pas et ne peut pas avoir d'incidence
dans le domaine de la rationalité pratique, comme on l'a déjà
indiqué plus haut[1]. Certes, alors que la physico-téléologie
(§ 85 de la troisième *Critique*) ne donne naissance à la soit
disant « *physico*-théologie » qu'au prix d'un « malentendu »[2],
Kant reconnaît la pertinence d'une *éthico*-théo-téléologie
(§ 86) aboutissant à une « démonstration » morale de l'existence de Dieu (§ 87). Mais cette démonstration n'en est précisément pas une puisqu'elle n'aboutit pas à un savoir, mais à
une *croyance*, c'est-à-dire à une « manière de penser morale de
la raison dans l'adhésion à ce qui est inaccessible pour la
connaissance théorique »[3]. N'étant l'objet ni d'une certitude
empirique, ni d'une certitude rationnelle, l'existence de Dieu
n'est ni une opinion, ni un fait, mais, comme la *Critique de la
raison pratique* l'a amplement établi, un *postulat*, autrement
dit un *présupposé* dont l'admission découle (certes de façon
nécessaire) de la structure formelle de la normativité, c'est-
à-dire de la loi fondamentale de la raison pratique, laquelle,
il faut le rappeler, « n'est pas un postulat, mais une loi par
laquelle la raison détermine immédiatement la volonté »[4].

---

1. Voir *supra*, chapitre deux, p. 78-80.

2. Kant, *KU*, § 85, *AA* V, p. 442 ; *CJ*, p. 440. Il y a malentendu parce que
l'argument physico-théologique repose sur une incompréhension du sens
véritable de la téléologie physique : « la téléologie physique nous pousse certes
à chercher une théologie, mais elle ne peut en produire aucune » (*KU*, § 85,
AA V, p. 440 ; *CJ*, p. 439).

3. Kant, *KU*, § 91, *AA* V, p. 471 ; *CJ*, p. 472. Sur la distinction entre
opinion, savoir et croyance, voir *KU*, § 91, *AA* V, p. 467 *sq.* ; *CJ*, p. 467 *sq.*, et
Logik, *AA* IX, p. 65 *sq.* ; *Logique*, p. 73 *sq.*

4. Kant, *KpV*, *AA* V, p. 132 ; *CRprat*, p. 258. En tenant compte des modi-
fications apportées par la *Métaphysique des Mœurs* à la topique des facultés
(voir *supra*, p. 59-61), il faudrait dire : « une loi par laquelle la raison détermine
immédiatement *l'arbitre* ».

Bref, si importante qu'elle soit du point de vue de l'équilibre interne du système et, si je puis dire, de sa fluidité, la thématique du jugement réfléchissant n'affecte nullement l'organisation systématique de la philosophie pure, et plus particulièrement celle de la métaphysique, telle que les conçoit Kant. La preuve en est que la présentation de celle-ci reste en gros inchangée de la *Critique de la raison pure* à la *Métaphysique des mœurs*, en passant par la *Fondation*, la *Critique de la raison pratique* et la *Critique de la faculté de juger*.

Examinons maintenant d'un peu plus près cette structure interne de la philosophie et de sa partie pure, la métaphysique (laquelle, est-il écrit dans les *Prolégomènes*, a pour « caractère propre » d'être la « préoccupation exclusive de la raison pour elle-même »[1]), en vue d'établir ce qui en résulte quant à la nature et au domaine de la philosophie normative. Il en existe chez Kant deux présentations différentes ; mais cette différence, on va le voir, reflète en réalité seulement la dualité des points de vue selon lesquels on examine cette structure. D'après la plupart des textes publiés après 1781, la philosophie se divise en deux domaines, la philosophie théorique et la philosophie pratique, et la métaphysique, sa partie pure (pure voulant dire ici non-*empirique* et non-*appliquée*), en deux branches parallèles, la métaphysique de la nature et la métaphysique des mœurs (laquelle, ultimement, se subdivise elle-même comme nous le savons en une métaphysique du droit et une métaphysique de la vertu ou éthique)[2]. En effet, dans la mesure où, comme la philosophie théorique, la philosophie

---

1. Kant, *Prolegomena*, §40, *AA* IV, p. 327 ; *Prolégomènes*, dans *OP* 2, p. 105.

2. Voir notamment : Kant, *KrV*, B 869-870 ; *CRp*, p. 679-680. *Grundlegung*, *AA* IV, p. 388 ; *Fondation*, *MM* 1, p. 52. *Metaphysische Anfangsgründe*, *AA* IV, p. 469 ; *Premiers principes*, dans *OP* 2, p. 366. *MdS*, Einleitung, *AA* VI, p. 216 ; *Mœurs*, Introduction, *MM* 1, p. 166.

pratique comporte une partie pure distincte de sa partie empirique, ce dont la *Grundlegung* se veut la démonstration (en
particulier en sa deuxième section, intitulée « Passage de la
philosophie morale populaire à la métaphysique des mœurs »),
il doit y avoir une « métaphysique des mœurs » symétrique de
la « métaphysique de la nature » ; l'une et l'autre composent
ensemble la partie pure du « système réel de la philosophie »,
lequel se distingue lui-même de la logique, qui est la « partie
formelle » de ce système[1].

Selon une autre présentation, qu'on trouve pour la
première fois, semble-t-il, dans le « Canon de la raison pure »
de la première *Critique*, la philosophie a pour vocation de
répondre à trois questions qui résument « tout l'intérêt de la
raison pure » : « Que puis-je savoir ? », « Que dois-je faire ? » et
« Que m'est-il permis d'espérer ? ». La première question
est « simplement spéculative », la deuxième « simplement
pratique », la troisième « pratique et théorique en même
temps »[2]. On peut considérer que la métaphysique *lato sensu* a
pour tâche d'apporter une réponse à ces trois questions. Si
toutefois, comme Kant y est enclin à cette étape de sa pensée,
on identifie la métaphysique à la philosophie transcendantale
entendue comme système des concepts rendant possible une
connaissance pure et a *priori*, autrement dit à ce qui subsiste de
la métaphysique spéculative une fois menée à bien l'entreprise
critique[3], il faudra considérer qu'il lui revient de répondre
seulement à la première question, « Que puis-je savoir ? » ;
la deuxième relève alors de la « morale pure » et la troisième,

---

1. Voir en particulier Kant, *Erste Einleitung*, *AA* XX, p. 195 ; *Première
Introduction*, p. 13, et *Grundlegung*, *AA* IV, p. 387-388 ; *Fondation*, *MM* 1,
p. 51-52.

2. Kant, *KrV*, B 832-833 ; *CRp*, p. 658.

3. Kant, *KrV*, B 25 ; *CRp*, p. 110.

pour l'essentiel, de la « théologie morale ». C'est sans doute pourquoi, dans d'autres textes plus tardifs, Kant adopte une présentation différente, qui précise les rôles des diverses disciplines philosophiques et ajoute une quatrième question aux trois questions de la *Critique de la raison pure*. La métaphysique est alors présentée comme la discipline qui est en charge de la question : « Que puis-je savoir ? » ; la morale, expressément distinguée de la métaphysique, a pour tâche de répondre à la question : « Que dois-je faire ? » ; la religion traite de la troisième question : « Que m'est-il permis d'espérer ? » ; enfin, l'anthropologie (sur laquelle je vais revenir) a pour objet l'ultime grande question philosophique, vers laquelle convergent les trois premières : « Qu'est-ce que l'homme ? »[1].

D'un certain point de vue, on peut sans doute considérer cette seconde présentation comme une subsistance d'un état assez ancien de la pensée de Kant, antérieur au programme ambitieux d'une *métaphysique* des mœurs « à laquelle ne viennent se mêler aucune anthropologie, aucune théologie, aucune physique ou hyperphysique »[2]. Mais elle réapparaît parfois, même une fois ce programme formulé, apparemment pour s'accommoder d'un usage qui demeure prédominant. Ainsi, l'*Architectonique de la raison pure*, aussitôt après avoir exposé la division de la métaphysique en métaphysique de la nature et métaphysique des mœurs, indique que la métaphysique des mœurs « est proprement la morale pure », et que, « en un sens plus restreint », « la métaphysique de la raison spéculative est ce qu'on appelle habituellement métaphysi-

---

1. Voir Kant, *Vorlesungen über die Metaphysik*, p. 5 ; *Leçons de métaphysique*, p. 119-120, et *Logik*, *AA* IX, p. 25 *sq.* ; *Logique*, p. 25. Le caractère central de cette question est souligné par Foucault dans son « Introduction à l'*Anthropologie* de Kant », dans Kant, *Anthropologie* fr, p. 47 *sq.*

2. Kant, *Grundlegung*, *AA* IV, p. 410 ; *Fondation*, *MM* 1, p. 83.

que » [1]. Toutefois, cette différence de présentation du système correspond surtout à deux manières différentes d'envisager la philosophie : selon son concept scolaire (*Schulbegriff*) ou selon son concept cosmique ou mondain (*Weltbegriff*). Cette distinction est introduite comme on le sait dans la *Critique de la raison pure*, mais il me semble qu'elle reçoit un sens un peu différent, et qui intéresse directement mon propos, dans certains écrits postérieurs. Dans la première *Critique* (et dans quelques autres textes), le concept scolaire de la philosophie – dont résulte sa présentation bipartite – n'a d'autre but que « la perfection *logique* de la connaissance » ; en revanche, selon son concept « mondain », la philosophie « est la science du rapport entre toute connaissance et les fins essentielles de la raison humaine », et de ce fait elle « concerne ce qui intéresse nécessairement chacun » [2]. Il faut comprendre que le concept scolaire correspond à l'organisation technique de la philosophie en disciplines, telle qu'on peut la trouver dans un manuel, alors que le concept « mondain » la confronte aux questions que se pose, de manière pré-philosophique, l'homme en tant qu'il est présent au monde et vise à atteindre la « sagesse » (et non pas seulement « l'habileté » d'un bon technicien ou d'un « artiste de la raison ») ; cela se peut grâce à un certain engagement subjectif qui fait de lui un philosophe, et non pas seulement quelqu'un qui a appris à philosopher. En effet, le véritable philosophe a pour vocation d'être « le légis-lateur de la raison humaine » [3] ; de ce fait, il est le « philosophe

---

1. Kant, *KrV*, B 870 ; *CRp*, p. 680.

2. Kant, *KrV*, B 866-867 ; *CRp*, p. 678. De façon plus lapidaire, la *Metaphysik Pölitz* dit que selon son *conceptus cosmicus* la philosophie est « la science des fins ultimes de la raison humaine » (*Vorlesungen über die Metaphysik*, p. 4 ; *Leçons de métaphysique*, p. 118).

3. Kant, *KrV*, B 867 ; *CRp*, p. 678.

pratique »[1], c'est-à-dire celui qui est guidé par un intérêt – et nous savons que pour Kant « tout intérêt est en définitive pratique »[2]; autrement dit, est philosophe celui qui met en œuvre un rapport « engagé » à la normativité rationnelle, celui qui fait preuve de partialité pour la raison.

Bien que Kant utilise l'expression latine *conceptus cosmicus*, j'évite la traduction usuelle par « concept cosmique », qui n'a pas beaucoup de sens et risquerait de suggérer une interprétation « exaltée » (au sens de la *Schwärmerei*, cette « pieuse témérité qui est occasionnée par une certaine fierté et une excessive confiance en soi-même »[3] et qui « porte les inspirés aux dernières extrémités »[4]) qui serait fort éloignée du propos kantien. Parler de « concept mondain » présente aussi des inconvénients, car la philosophie ainsi comprise n'a rien de commun avec on ne sait quelle « mondanité ». C'est sans doute pourquoi Kant va finalement préférer à cette dénomination celle de « concept *cosmopolitique* » de la philosophie, ou encore de philosophie *in sensu cosmopolitico*[5]. Cet

---

1. Kant, *Vorlesungen über die Metaphysik*, p. 3-5 ; *Leçons de métaphysique*, p. 118-119.

2. Kant, *KpV, AA* V, p. 121 ; *CRprat*, p. 246.

3. Kant, *Beobachtungen über das Gefühl des Schönen und des Erhabenen, AA* II, p. 251 ; *Observations sur le sentiment du beau et du sublime*, p. 58.

4. Kant, *Versuch über die Krankheiten des Kopfes, AA* II, p. 267 ; *Essai sur les maladies de la tête*, dans *Ecrits sur le corps et l'esprit*, p. 121. Sur le *Schwärmer* idéal-typique qu'est Swedenborg, voir en particulier le chapitre 2 de la 2e partie des *Rêves d'un visionnaire*, intitulé : « Voyage extatique d'un exalté à travers le monde des esprits » (*Träume eines Geistessehers, AA* II, p. 357 *sq.* ; *Rêves d'un visionnaire*, p. 99 *sq.*)

5. Kant, *Vorlesungen über die Metaphysik*, p. 3 et 5 ; *Leçons de métaphysique*, p. 118 et 119. La *Logique*, dont le texte est très proche de celui des *Leçons*, utilise les deux expressions, parlant du « concept mondain » (*Weltbegriff*) de la philosophie mais aussi de la « philosophie en sa signification

aménagement terminologique me paraît hautement significatif. Le vrai point de vue philosophique, celui qui pose les
bonnes questions, est celui qu'adopte ou que doit adopter un
homme se considérant comme citoyen du monde (*Weltbürger*), c'est-à-dire pas seulement comme un « être dans le
monde » (*Weltwesen*), mais comme un être engagé avec ses
semblables dans des rapports éthiques et juridiques au moins
possibles[1]. Il n'est pas certain que cette notion de *Weltbürger*,
de citoyen du monde, ait un sens constant et univoque chez
Kant ; en particulier, il n'est pas toujours affecté d'une
connotation juridique, comme c'est le cas dans le passage qui
vient d'être évoqué et dans quelques autres. Mais il implique
toujours une présence active au monde, celle d'un spectateur
engagé : « Le citoyen du monde doit considérer le monde en
tant que résident, et non en tant qu'étranger. [Il ne doit pas] être
un spectateur du monde, mais un citoyen du monde »[2]. Le
concept cosmopolitique de la philosophie, traitant des trois
(ou quatre) questions auxquelles le « vrai philosophe » *doit*
répondre « par la doctrine et par l'exemple »[3], est un concept
normatif et d'une certaine façon juridique : il indique ce que la
philosophie *doit être*. Le fait même que la « vraie » définition
de la philosophie soit normative montre bien, je crois, à quel
point la question de la normativité est centrale pour Kant, et pas
seulement dans sa philosophie pratique.

Mais, dans ce système compris comme il doit l'être,
comme ensemble coordonné des réponses aux questions que
doit se poser l'homme en tant qu'il est au monde et dans le

cosmopolitique » (*in dieser weltbürgerlichen Bedeutung*) (*Logik, AA* IX, p. 25 ;
Logique, p. 25).

1. Kant, *MdS, Rechtslehre*, § 28, *AA* VI, p. 242 ; *Mœurs, Droit, MM* 2, p. 30.
2. Kant, *Nachlass, AA* XV, p. 518.
3. Kant, *Logik, AA* IX, p. 24 ; *Logique*, p. 24.

monde, qu'en est-il de la philosophie pratique proprement dite, et plus précisément de la métaphysique des mœurs, c'est-à-dire de la « morale en tant que système des obligations en général »[1] ? Apparemment (du point de vue « scolaire »), elle paraît ne répondre qu'à *l'une* des quatre questions que se pose le « vrai philosophe » : « que dois-je faire ? », tandis que la métaphysique au sens étroit (la métaphysique spéculative) doit répondre à la question « que puis-je savoir ? », la religion à la question « que m'est-il permis d'espérer ? », et l'anthropologie à la question « qu'est-ce que l'homme ? » ; Kant précise que cette dernière est ce qui réunit les trois précédentes, en sorte que « on pourrait tout désigner du terme d'anthropologie »[2]. Je vais revenir sur l'anthropologie, dont le statut est décisif pour le propos de ce chapitre. Mais il faut d'abord dire un mot de la religion. Pour qui a lu la *Critique de la raison pratique* et *La religion dans les limites de la simple raison*, il est clair que ce n'est pas la religion positive (« statutaire ») qui est à même de répondre à la question « que m'est-il permis d'espérer ? » ; en effet, les réponses qu'elle et la « foi d'Église » y apportent sont dogmatiques et contradictoires, donc irrecevables philosophiquement. Seule la religion morale, rationnelle, et la « pure foi religieuse » qui l'accompagne peuvent répondre, sur le mode non du savoir mais de la croyance rationnelle, à cette légitime question du « citoyen du monde », qui est aussi un citoyen de « l'Église invisible », autrement dit de la « cité éthique »[3]. On peut donc considérer que c'est à la philosophie pratique *lato sensu*, incluant la « pure *religion de la raison* »[4], qu'il revient

1. Kant, *MdS, Rechtslehre*, Einleitung, *AA* VI, p. 281 ; *Mœurs, Droit*, Introduction, *MM* 2, p. 83.

2. Kant, *Vorlesungen über die Metaphysik*, p. 6 ; *Leçons de métaphysique*, p. 120.

3. Voir Kant, *Religion*, AA VI, p. 101 et 105 ; *Religion* fr, p. 182 et 187.

4. Kant, *Religion*, AA VI, p. 12 ; *Religion* fr, p. 77.

de répondre à la deuxième et à la troisième question, de sorte que si l'on se bornait aux trois questions qui, selon la première *Critique*, rassemblent « tout l'intérêt (spéculatif aussi bien que pratique) de [la] raison »[1], on pourrait considérer – et c'est bien ce que paraît suggérer la formulation précitée – que, comme dans le cas des pouvoirs de connaître, la triplicité (des questions, comme des pouvoirs) n'est pas incompatible avec la structure duelle du système selon sa présentation « scolaire ». Mais l'adjonction dans des textes postérieurs à la *Critique* d'une quatrième question : « qu'est-ce que l'homme ? », et l'affirmation selon laquelle répondre à cette question incombe à l'*anthropologie*, à laquelle il convient dès lors de « tout ramener »[2], complique la donne. Il faut donc, avant d'examiner la place de l'histoire dans la pensée kantienne, se pencher sur le statut qu'y a l'anthropologie, la science (?) de l'homme.

DE L'ANTHROPOLOGIE

A la lecture des différents textes où il en est question, une constatation paraît s'imposer : l'anthropologie ne dispose pas chez Kant d'une définition univoque. En témoigne déjà le fait qu'il éprouve souvent le besoin d'adjoindre une épithète au nom : à côté de « l'anthropologie du point de vue pragmatique », qui est l'objet d'une de ses dernières publications et qui se distingue de l'anthropologie traitée d'un point de vue « physiologique »[3], il y a l'anthropologie « pratique » de la Préface de la *Grundlegung*[4], l'anthropologie « morale » de

---

1. Kant, *KrV*, B 832 ; *CRp*, p. 658.
2. Kant, *Logik*, *AA* IX, p. 25 ; *Logique*, p. 25.
3. Kant, *Anthropologie*, *AA* VII, p. 119 ; *Anthropologie* fr, p. 83.
4. Kant, *Grundlegung*, *AA* IV, p. 388 ; *Fondation*, *MM* 1, p. 52-53.

la *Métaphysique des mœurs*[1], l'anthropologie entendue
comme une partie de la doctrine de la nature[2], l'anthropologie
en tant que pendant de la géographie physique au sein de la
« connaissance du monde »[3], l'anthropologie qui doit être
distinguée de l'anthroponomie en ceci qu'elle « procède de
connaissances simplement empiriques »[4]… Cette équivocité,
plus exactement cette plurivocité tient selon moi à ce que
l'anthropologie, c'est-à-dire suivant sa définition nominale
la « connaissance de l'homme », se situe à la frontière du
descriptif et du normatif ou, pour ce qui est du « domaine »
dont elle relève, à la frontière de la nature et de la liberté. En
effet, cette discipline, qu'on ne peut qualifier sans autre forme
de procès de philosophique, mais qui n'est pas étrangère à la
philosophie pour autant que celle-ci admet une partie appliquée, traite à la fois de ce que l'homme *est* et de ce qu'il *doit
être*, de « ce que la *nature* fait de l'homme » et de « ce que
l'homme, comme être agissant librement, fait, ou peut et doit
faire, de lui-même »[5]. Selon le premier point de vue, qui est
celui de l'anthropologie « physiologique », elle relève de la
connaissance empirique de la nature, car « l'homme a aussi une
nature »[6], et elle se trouve donc située sous la juridiction
de la philosophie *théorique*. Selon le second point de vue,
celui de l'anthropologie « pragmatique » ou « morale » (cette

1. Kant, *MdS*, Einleitung, *AA* VI, p. 217 ; *Mœurs*, Introduction, *MM* 1,
p. 167.

2. Kant, *MdS*, *Tugendlehre*, Einleitung, *AA* VI, p. 385 ; *Mœurs*, *Vertu*,
Introduction, *MM* 2, p. 225.

3. Kant, *Physische Geographie*, AA IX, p. 157 ; *Géographie*, p. 66. Voir
aussi *KrV*, B 877 ; *CRp*, p. 684.

4. Kant, *MdS*, *Tugendlehre*, Einleitung, *AA* VI, p. 406 ; *Mœurs*, *Vertu*,
Introduction, *MM* 2, p. 252.

5. Kant, *Anthropologie*, *AA* VII, p. 119 ; *Anthropologie* fr, p. 83.

6. Kant, *Nachlass*, *AA* XV, p. 660.

distinction pouvant correspondre aux deux points de vue descriptif [« ce que l'homme peut faire »] et prescriptif [« ce que l'homme doit faire »] qui cohabitent dans la définition précitée), elle constitue la partie empirique et appliquée de la philosophie *pratique* (l'autre partie, la philosophie pratique pure ou métaphysique des mœurs, étant pour sa part, en tant qu'elle contient les normes que la « raison inconditionnellement législatrice » édicte pour l'homme, une « anthroponomie »[1]) ; cette anthropologie pragmatique énonce « les conditions – mais uniquement celles qui sont subjectives – de l'*exécution* des lois [de la métaphysique des mœurs] dans la nature humaine »[2]. Ou, comme le dit la *Géographie*, l'anthropologie, associée à la « fréquentation des hommes », permet de « s'exercer et de se préparer à toutes les expériences futures », et ainsi de « connaître ce qui, dans l'homme, est pragmatique et non spéculatif »[3]. Elle appartient donc bien en un sens à la philosophie pratique (normative) mais, dans la mesure où elle porte non pas sur ce que l'homme doit faire mais sur ce qu'il « peut et doit faire » de sa *nature*, elle relève de son versant « technico-pratique » et non pas de son versant « moralo-pratique », pour reprendre la distinction faite dans la *Critique de la faculté de juger*[4].

Cette situation intermédiaire de l'anthropologie, installée à l'intersection du domaine théorique et du domaine pratique, reflète en réalité celle de son objet, l'homme. En effet, selon qu'on considère l'homme comme « être sensible » ou comme « être rationnel », comme « être naturel », implacablement

---

1. Kant, *MdS, Tugendlehre,* Einleitung, *AA* VI, p. 406 ; *Mœurs, Vertu,* Introduction, *MM* 2, p. 252.

2. Kant, *MdS,* Einleitung, *AA* VI, p. 217 ; *Mœurs,* Introduction, *MM* 1, p. 167.

3. Kant, *Physische Geographie, AA* IX, p. 157 ; *Géographie,* p. 66.

4. Kant, *KU,* Einleitung, *AA* VI, p. 172 ; *CJ,* p. 150.

soumis à la loi de causalité, ou comme « être doué de liberté intérieure » et de ce fait « capable d'obligation », « le concept d'homme n'est pas pris dans un seul et même sens »[1]. En effet, contrairement à ce qui est parfois dit, la « nature » singulière de l'homme consiste non pas à ne pas avoir de nature, mais à « pouvoir et devoir » outrepasser constamment cette nature en la soumettant à des normes, qu'elles soient juridiques ou éthiques, tout en y étant en quelque façon incité par les ressources (les « dispositions », *Anlagen*) que cette nature offre. C'est ce caractère paradoxal qu'illustre par exemple, dans l'*Idée d'une histoire universelle au point de vue cosmopolitique*, la thématique de l'insociable sociabilité (*ungesellige Geselligkeit*), à l'aide de laquelle Kant cherche à décrire comment l'antagonisme « naturel » des humains peut les conduire, comme par un « accord pathologiquement extorqué », à « s'associer en un tout moral »[2] et à œuvrer, sans jamais pouvoir y parvenir complètement, à la constitution d'une « société civile administrant le droit de façon universelle »[3], ou encore à « l'établissement d'une constitution civile parfaite »[4]. La troisième proposition du texte de 1784 énonce clairement ce qui résulte de cette « duplicité » de l'homme (je pense bien sûr ici à la fameuse image du « bois noueux », plus exactement du bois courbe avec lequel on ne parvient jamais à « tailler des poutres bien droites »[5]) et illustre de

---

1. Kant, *MdS, Tugendlehre*, § 3, *AA* VI, p. 418 ; *Mœurs, Vertu, MM* 2, p. 268-269.

2. Kant, *Idee*, Satz 4, *AA* VIII, p. 8 ; *Idée*, dans *Opuscules*, p. 74-75.

3. Kant, *Idee*, Satz 5, *AA* VIII, p. 22 ; *Idée*, dans *Opuscules*, p. 76. Comme toujours chez Kant, « société civile » signifie ici bien évidemment « société politique ».

4. Kant, *Idee*, Satz 7, *AA* VIII, p. 24 ; *Idée*, dans *Opuscules*, p. 79. Même remarque à propos de l'adjectif « civil », qui a le sens de « politique ».

5. Kant, *Idee*, Satz 6, *AA* VIII, p. 23 ; *Idée*, dans *Opuscules*, p. 78.

cette manière le caractère particulier des énoncés anthropologiques :

> La nature a voulu que l'homme produise entièrement à partir de
> lui-même tout ce qui dépasse l'agencement mécanique de son
> existence (*Dasein*) animale, et qu'il ne participe à aucune autre
> félicité ou perfection que celle qu'il s'est procurée lui-même,
> indépendamment de l'instinct, par sa propre raison [1].

L'homme est le seul être à la fois naturel et rationnel, et
l'anthropologie, la connaissance de l'homme, reflète ce caractère singulier, en énonçant des propositions qui relèvent des
deux registres du descriptif et du normatif. Toutes les propositions de l'*Idée d'une histoire universelle* (on vient d'en citer
quelques-unes) illustrent ce double caractère de l'homme et
concernent à ce titre l'anthropologie ou la philosophie pratique
appliquée, plutôt que la morale pure. D'ailleurs, Kant indique
d'emblée que les questions abordées dans cet écrit ne relèvent
pas de la philosophie pratique pure, puisqu'elles sont compati-
bles avec un agnosticisme quant à la nature de la liberté qui
n'est certes pas de mise pour l'auteur de la deuxième *Critique*
et de la *Métaphysique des Mœurs*. Il écrit en effet (ce sont les
premières lignes du texte) :

> Quel que soit le concept qu'on se fait, d'un point de vue
> métaphysique, de la *liberté du vouloir*, ses *manifestations
> phénoménales*, les actions humaines, n'en sont pas moins
> déterminées, exactement comme tout événement naturel, selon
> les lois universelles de la nature [2].

Or il est clair que n'importe quel concept du vouloir et de sa
liberté n'est pas compatible avec les principes de la rationalité
normative. C'est si vrai que, comme on l'a rappelé au premier

---

1. Kant, *Idee*, Satz 3, *AA* VIII, p. 19 ; *Idée*, dans *Opuscules*, p. 72.
2. Kant, *Idee*, *AA* VIII, p. 17 ; *Idée*, dans *Opuscules*, p. 69.

chapitre, Kant lui-même a substantiellement transformé son concept de la liberté et son concept du vouloir, jusqu'à les dissocier complètement.

L'expression utilisée parfois par Kant pour désigner plus exactement l'objet précis de l'anthropologie illustre également la particularité de cette discipline : cet objet, nous dit-il, est le *Weltbürger*, le citoyen du monde, compris comme celui qui n'est pas simplement, tel un « étranger », le simple « spectateur » des événements qui se déroulent dans le monde, mais leur acteur engagé et orienté (ou devant l'être) par des normes rationnelles auxquelles il tend (ou doit tendre) à se conformer : un « citoyen » de cette république en puissance. Mais il ne peut parvenir à cette coïncidence (qu'illustre le motif de la « constitution civile parfaite ») qu'à l'échelle d'une « lignée peut-être interminable de générations où chacune transmet à la suivante ses lumières »[1]. Un des enseignements de l'anthropologie, bien qu'elle examine la « nature » de l'homme en sa particularité différenciée, grâce à l'observation *des* hommes, c'est que les fins ultimes de l'homme ne peuvent être atteintes que par l'espèce humaine en tant qu'idéalité normative et non en tant qu'entité biologique.

Ces éclaircissements relatifs à l'anthropologie permettent peut-être d'expliquer pourquoi Kant en vient à écrire que la question « qu'est-ce que l'homme ? » est l'horizon des trois autres questions que se pose le « vrai philosophe » en tant que *Weltbürger*, et en quel sens il peut prétendre que « on pourrait tout [= la métaphysique, la morale et la religion] nommer anthropologie »[2]. En dépit de cette formule, je ne crois pas qu'il faille surévaluer la place qui revient à l'anthropologie, car

---

1. Kant, *Idee*, Satz 2, *AA* VIII, p. 19 ; *Idée*, dans *Opuscules*, p. 72.

2. Kant, *Vorlesungen über die Metaphysik*, p. 6 ; *Leçons de métaphysique*, p. 120. *Logik*, *AA* IX, p. 25 ; *Logique*, p. 25.

ses limites, fortement soulignées par la *Grundlegung* et la
Métaphysique des mœurs, sont telles qu'elle ne peut faire
partie de la philosophie proprement dite, de cette philosophie
« pure », dont j'ai tenté de montrer qu'elle a chez Kant une
teneur essentiellement normative. L'Introduction générale de
la *Métaphysique des mœurs* l'indique d'ailleurs en toute
clarté :

> on ne peut se passer d'une telle anthropologie morale, mais
> elle ne peut en aucune manière précéder la métaphysique des
> mœurs ni être confondue avec elle [1].

Si l'anthropologie peut néanmoins être dite intégrer en elle
les disciplines philosophiques en charge des trois questions
formulées dans la *Critique de la raison pure* et, d'une certaine
façon, les résumer, c'est parce qu'elle se situe au point de
passage entre leurs domaines respectifs, tout en s'étendant
pour une bonne part, en tant que discipline « appliquée »,
en tant que connaissance *des* hommes, en dehors de leur
champ de compétence ; et ce point de passage est précisément
l'homme, situé qu'il est au carrefour des questions qu'il
convient d'affronter dans la perspective d'une philosophie
in sensu cosmopolitico. Qu'est-ce donc que l'anthropologie
kantienne ? J'aurais tendance à dire, en termes actuels : une
psychosociologie demeurant consciente de son arrière-plan
normatif (c'est cet arrière-plan qui, à suivre Kant, ferait défaut
à ce que nous nommons les sciences humaines). L'anthropologie kantienne, en ses diverses déclinaisons, est donc quelque
chose de tout à fait singulier.

---

1. Kant, *MdS*, Einleitung, *AA* VI, p. 217 ; *Mœurs*, Introduction, *MM* 1,
p. 167.

L'HISTOIRE, LA « VRAIE MÉTAPHYSIQUE »
ET LA « PURE TÉLÉOLOGIE PRATIQUE » [1]

Les éléments précédemment évoqués permettent
maintenant de revenir au problème posé au début du chapitre :
quel est le statut des considérations sur l'histoire dans la pensée
de Kant ? Je ferai une première remarque, relative au corpus :
les textes qu'on réunit sous le label « philosophie kantienne de
l'histoire » sont des écrits de statut divers, et qui n'ont pas tous
pour objet, du moins explicitement, l'histoire telle que les
historiens l'entendent aujourd'hui, et encore moins l'histoire
universelle, la *Weltgeschichte* de Hegel et des « philosophies
de l'histoire » ; à cet égard, l'essai de 1784, *Idée d'une histoire
universelle au point de vue cosmopolitique*, fait presque figure
d'exception. Ce qui toutefois réunit ces textes et fait que
leur regroupement n'est pas arbitraire, c'est que le domaine
d'investigation sur lequel ils portent se situe toujours à l'intersection ou à la frontière de la nature et de l'histoire. On peut le
constater en particulier dans les deux textes (datant de 1775-
1777 et de 1785) qui sont consacrés à la notion de race(s)
humaine(s) ; Kant cherche à y montrer, avec une indéniable
inventivité, que l'on peut sans contradiction penser l'unité du
genre humain et la diversité des races, à condition de ne pas se
borner à une approche étroitement naturaliste, *i. e.* mécaniste
du sujet, quitte à devoir invoquer (Kant écrit ceci bien avant
que soit mise en place sa théorie du jugement téléologique)
« certaines causes finales »[2]. Ce genre d'investigation,
note-t-il, nécessite de recourir à des hypothèses « dont les

1. Voir Kant, *Über den Gebrauch*, AA VIII, p. 180, 182 ; *Sur l'emploi*, dans
Opuscules, p. 195, 198.
2. Kant, *Von den verschiedenen Rassen der Menschen*, AA II, p. 436 ;
Des différentes races humaines, dans *Opuscules*, p. 56.

origines remontent au-delà de toute histoire »[1] ; il ne relève
donc pas de la science empirique de la nature ou de l'histoire
naturelle *stricto sensu*, mais d'un examen de ce que la nature de
l'homme, telle qu'on peut la décrire empiriquement, permet de
conjecturer quant au passé et à l'avenir de l'espèce. Bref, les
considérations que développent les écrits de Kant sur l'histoire
relèvent de ce qu'il dénomme – l'expression est devenue
fameuse – « histoire conjecturale ». Il ne s'agit nullement de
« dresser de toutes pièces une histoire sur des conjectures », ce
qui reviendrait à écrire un « roman »[2] ; il s'agit plutôt d'un
« exercice concédé à l'imagination *en accompagnement* de la
raison »[3], ce qui indique bien que la rationalité demeure le
maître d'œuvre de cette sorte de variation eidétique qu'est
l'histoire conjecturale.

Plus précisément, cette histoire veut être « une histoire du
[...] développement de la liberté à partir de la disposition
originaire qui réside dans la nature de l'homme » ; elle est donc
toute différente de l'histoire des historiens, qui « ne peut être
fondée que sur des documents »[4]. La thématique des « dispositions » naturelles (*Anlagen*) de l'humanité joue un rôle décisif
dans ces investigations, car elle permet de penser l'étayage
naturel de la liberté et de son progrès – un progrès qu'il n'est
pas possible de *connaître*, mais qu'il est nécessaire de *penser*.
Or, comme nous l'avons vu, c'est le propre de ce que Kant
dénomme « anthropologie » de se situer à la frontière de la

1. Kant, *Bestimmung des Begriffs einer Menschenrasse*, AA VIII, p. 102 ;
Définition du concept de race humaine, dans *Opuscules*, p. 139.

2. Kant, *Mutmaßlicher Anfang*, AA VIII, p. 109 ; *Conjectures*, dans
Opuscules, p. 145.

3. Kant, *Mutmaßlicher Anfang*, AA VIII, p. 109 ; *Conjectures*, dans
Opuscules, p. 146. Je souligne.

4. Kant, *Mutmaßlicher Anfang*, AA VIII, p. 109 ; *Conjectures*, dans *Opuscules*, p. 145-146.

nature et de la culture, pour employer une terminologie
ultérieure, ou encore de la nécessité et de la liberté. Ce que
Kant, en la distinguant de la «description de la nature»,
dénomme «histoire de la nature»[1], et plus précisément
«histoire naturelle universelle de l'homme»[2], relève donc
indéniablement de l'*anthropologie*, en tant qu'elle examine,
comme on l'a vu, ce que l'homme peut et doit faire (en tant
qu'espèce, historiquement) de sa nature. Par conséquent, il
n'est nullement fortuit que, dans le compte-rendu de Herder,
Kant associe à l'anthropologie, dont les «matériaux» (qu'il
estime «connaître assez bien») «ne doivent être recherchés ni
dans la métaphysique, ni dans le cabinet d'histoire naturelle»,
le projet d'une «histoire de l'humanité dans le tout de
sa destination»[3]. Comme l'anthropologie, qui lui offre ses
instruments (par exemple en rassemblant les éléments phénotypiques disponibles en vue d'une éventuelle classification des
races humaines), l'histoire naturelle de l'humanité étudiera
comment les fins de la raison (qui ne peuvent être définies
qu'indépendamment de toute expérience et de toute référence
à la nature, par une métaphysique devenue consciente de ses
propres limites et de celles de la raison[4]) peuvent trouver dans
les dispositions humaines naturelles, des dispositions qui
demandent évidemment à être «cultivées» et qui peuvent
l'être grâce au concours d'événements naturels, un terrain leur

---

1. Kant, *Über den Gebrauch*, AA VIII, p. 161, 164; *Sur l'emploi*, dans
Opuscules, p. 169, 173.

2. Kant, *Rezensionen zu Herder*, AA VIII, p. 61; *Compte-rendu de Herder*,
dans *Opuscules*, p. 115.

3. Kant, *Rezensionen zu Herder*, AA VIII, p. 56; *Compte-rendu de Herder*,
dans *Opuscules*, p. 108.

4. Voir Kant, *Über den Gebrauch*, AA VIII, p. 180; *Sur l'emploi*, dans
Opuscules, p. 195: «la vraie métaphysique connaît les limites de la raison
humaine».

permettant de cheminer sur la voie d'une éclosion indéfinie et féconde. Les conjectures du philosophe sur l'histoire, qu'elles concernent son commencement ou son *telos*, sont donc étroitement articulées aux investigations menées par l'anthropologie. Comme elle, et en prenant appui sur elle, l'histoire conjecturale examine ce qui peut être et ce qui doit être à la lumière de ce qui est, en l'occurrence : en prenant appui sur l'analyse des dispositions inscrites dans la singulière nature de l'humanité (qu'on a envie de nommer, sachant combien Kant a été un lecteur attentif Rousseau : sa *perfectibilité*).

Il y a pourtant une différence significative entre l'histoire philosophique (l'histoire « naturelle » de l'humanité) et l'anthropologie pragmatique ou morale : elle tient à l'importance cruciale qu'y revêtent les considérations téléologiques. Bien entendu, de telles considérations ne sont pas absentes des analyses anthropologiques, puisque celles-ci portent, comme on l'a rappelé, sur les conditions « naturelles » (psychosociales) de réalisation des fins (principalement éthico-politiques) de la raison grâce au jeu complexe des dispositions, inégalement réparties et développées, de la nature humaine. Mais, dans un texte comme l'*Anthropologie du point de vue pragmatique* ou dans les écrits sur les races humaines, la téléologie demeure pour ainsi dire à l'horizon, alors que la détermination des caractères phénotypiques, dispositionnels et autres, est au premier plan. En revanche, dans les textes qui portent directement sur la manière dont la philosophie peut et doit traiter de l'histoire et de son « sens » (y compris bien entendu l'essai sur l'utilisation des principes téléologiques en philosophie, qui préfigure le propos de la troisième *Critique*), la question de la finalité ou de la « fin ultime » de l'histoire est au premier plan.

Peut-être faudrait-il dire, au demeurant, que *deux* concepts distincts d'histoire coexistent dans les écrits de Kant, à moins qu'ils ne s'y succèdent. Une formule (un peu trop) bien frappée des *Conjectures* nous met sur la voie de ce dédoublement du concept d'histoire :

> L'histoire de la *nature* commence par le Bien, car elle est l'œuvre de *Dieu* ; l'histoire de la *liberté* commence par le Mal, car elle est *l'œuvre de l'homme*[1].

Le premier concept se règle sur la notion classique d'histoire naturelle (elle remonte aux traités « biologiques » d'Aristote, mais a été actualisée par Buffon) – mais tend aussi à s'en démarquer. C'est ainsi que les conjectures de Kant sur les origines de l'histoire et sur la diversification des races humaines relèvent de ce qu'on nomme traditionnellement l'histoire naturelle ; mais celle-ci, précise Kant, « n'a affaire qu'à la production et à l'ascendance » diachronique des espèces, alors que la « description de la nature » les ordonne et les présente synchroniquement, comme chez Linné[2]. Ou encore, si l'on admet que la « géographie », prise en un sens extensif, couvre tout le champ de la description de la nature, on dira que l'histoire se distingue de la géographie parce qu'elle se place au point de vue du temps et non à celui de l'espace : « l'histoire est un récit tandis que la géographie est une description »[3]. Mais il faudra alors admettre que la dénomination d'histoire de la nature, qui chevauche ces deux domaines, « est tout à fait inexacte » : « nous pouvons bien avoir une *description de la nature*, mais pas une *histoire de la nature* »[4]. Il faut comprendre que l'histoire, en tant que reconstruction (qui ne sera peut-être pas exclusivement

1. Kant, *Mutmaßlicher Anfang, AA* VIII, p. 115 ; *Conjectures*, dans *Opuscules*, p. 154.

2. Kant, *Bestimmung des Begriffs einer Menschenrasse, AA* VIII, p. 100 ; *Définition du concept de race humaine*, dans *Opuscules*, p. 136.

3. Kant, *Physische Geographie, AA* IX, p. 161 ; *Géographie*, p. 70.

4. Kant, *Physische Geographie, AA* IX, p. 161 ; *Géographie*, p. 70-71.

causale, explicative, « naturelle ») de la connexion d'événements qui se succèdent pour nous dans le temps, excède
nécessairement le domaine de la nature. Car la nature n'offre
pas de récit d'elle-même ; ce récit, vers l'arrière comme vers
l'avant, doit être construit par nous, ce qui suppose que nous
adoptions la posture du « devin qui fait et ordonne lui-même
les événements qu'à l'avance il annonce »[1]. Contrairement à
l'*observation* (scientifique) de la nature, l'*interprétation* de
l'histoire, passée aussi bien que présente, est toujours en
quelque façon « prophétique » ou divinatoire[2].

Ceci conduit à un *second* concept d'histoire, celui d'une
« histoire de la liberté », dont le rapport avec la nature et les
concepts afférents est complexe : c'est ce concept que mobilise
« l'histoire de l'humanité », ou encore, comme le dit Kant en
modifiant à dessein le titre de l'ouvrage de Herder, « l'histoire
philosophique de l'humanité »[3] (et non pas la « philosophie de
l'histoire de l'humanité »). Bien entendu, l'histoire philosophique de l'humanité ne saurait faire fi des déterminations
naturelles de l'humain, consignées par l'anthropologie, dans la
mesure où seule l'éclosion de dispositions naturelles permet
d'interpréter la perfectibilité de l'homme, son ouverture au
« progrès ». On peut donc à la rigueur parler d'une « histoire
naturelle universelle de l'homme » ; nous avons vu qu'il arrive
à Kant de le faire (en désignant d'ailleurs par là plutôt l'entreprise de Herder que son propre programme)[4]. Mais, quant au

---

1. Kant, *Der Streit der Fakultäten*, AA VII, p. 80 ; *Le conflit des Facultés*,
dans *OP* 3, p. 888.

2. Kant, *Der Streit der Fakultäten*, AA VII, p. 79, 84, 87 ; *Le conflit des
Facultés*, dans *OP* 3, p. 888, 893, 897.

3. Kant, *Rezensionen zu Herder*, AA VIII, p. 55 ; *Compte-rendu de Herder*,
dans *Opuscules*, p. 106.

4. Kant, *Rezensionen zu Herder*, AA VIII, p. 61 ; *Compte-rendu de Herder*,
dans *Opuscules*, p. 115.

fond, cette histoire n'est pas pensable à l'aide de concepts relatifs au domaine de la nature, du moins si elle veut être une « histoire de l'humanité dans le tout de sa *destination* »[1], autrement dit si elle veut penser l'humanité dans la perspective téléologique explorée dans l'*Idée d'une histoire universelle*, le texte sur l'usage des principes téléologiques et la deuxième section du *Conflit des Facultés*. Forgé à partir de Buffon et de Herder, le concept d'histoire naturelle de l'humanité s'avère finalement contradictoire, puisque l'histoire de l'humanité ne peut être pensée de façon sensée que comme ce qui, en prenant appui sur elle, excède la naturalité. C'est pourquoi sans doute, postérieurement au texte de 1784 sur l'idée d'une histoire universelle, le second concept d'histoire, heuristique et herméneutique, prend progressivement le relais du concept « naturaliste » d'histoire auquel Kant a encore recours dans ce texte.

Une bonne part des contresens récurrents dont l'*Idée d'une histoire universelle* fait l'objet tient à la non-prise en compte de ce qui distingue ces deux concepts et ces deux approches de l'histoire : celle qui, fondée sur les *data* anthropologiques, s'efforce de penser l'émergence phénotypique de la liberté, et celle qui inscrit cette progression dans une téléologie de la raison pratique, c'est-à-dire dans l'horizon d'une métaphysique au sens kantien du mot. Le propos du texte de 1784 relève incontestablement au premier chef de la première. Il ne peut évidemment pas s'agir pour Kant – qui n'a jamais cessé de souligner ce qui distingue et sépare le domaine de la nature et celui de la liberté – de soutenir que la réalisation progressive de la liberté, indexée à la « réalisation d'une société civile administrant le droit de façon universelle », pourrait être *l'effet* ou

---

1. Kant, *Rezensionen zu Herder*, *AA* VIII, p. 56 ; *Compte-rendu de Herder*, dans *Opuscules*, p. 108.

la *conséquence* d'un « plan caché »[1] ou d'un « dessein », voire d'un « dessein final » de la nature[2] ; en ce cas, il y aurait effectivement lieu de parler d'une « ruse de la nature » qui, telle la ruse de la raison hégélienne sommairement comprise, ferait de la liberté politique (la « constitution civile parfaite ») le résultat « dialectique » du mécanisme de la nature. Mais une telle interprétation contredit tout ce que l'on sait par ailleurs de la pensée kantienne. En réalité, cet écrit vise deux résultats qui s'ordonnent respectivement au concept « naturaliste » et au concept « heuristique » d'histoire. Dans la première perspective, il s'agit de repérer les indices de l'émergence progressive de la liberté, telle que les dispositions inscrites dans la nature humaine la rendent possible ; en ce sens, il y a bien quelque chose comme une histoire naturelle de la liberté, et c'est cela que traduit le lexique du plan secret de la nature. Cette première approche de l'histoire est, on le voit, directement en prise sur l'anthropologie, qui en ce sens doit être considérée comme le soubassement d'une histoire naturelle universelle de l'humanité qui soit une alternative à celle de Herder. Alors que l'histoire philosophique de Herder revient en fin de compte à « expliquer ce qu'on ne comprend pas par ce qu'on comprend encore moins », ce qui participe (comme le recours à une ou des « forces fondamentales ») d'une « métaphysique très dogmatique »[3], l'anthropologie historique de Kant consiste à montrer comment la nature concourt à la réalisation historique de la liberté objective (je me permets de recourir ici au lexique hégélien), laquelle ne peut être l'œuvre que de la seule liberté

1. Kant, *Idee*, *AA* VIII, p. 18, 27, 29 ; *Idée*, dans *Opuscules*, p. 71, 83, 86.

2. Kant, *Idee*, *AA* VIII, p. 18, 27, 28, 29 ; *Idée*, dans *Opuscules*, p. 70, 83, 86.

3. Kant, *Rezensionen zu Herder*, *AA* VIII, p. 54 ; *Compte-rendu de Herder*, dans *Opuscules*, p. 104-105.

humaine ; de là vient l'image du « dessein », qui bien entendu n'est qu'une image, car la nature ne se propose rien et ne saurait former de desseins. Dans la deuxième perspective, téléologique et métaphysique, l'histoire de l'humanité se voit pourvue d'un « fil conducteur *a priori* »[1], comme si tout en elle conspirait de façon sans doute inintelligible mais néanmoins tout à fait rationnelle (d'où l'invocation de la Providence, dont Kant sait parfaitement qu'elle est l'asile de l'ignorance) à la réalisation d'une fin qui n'est à coup sûr pas naturelle, mais purement morale (éthico-juridique), puisqu'elle est « déterminée *a priori* par la raison pure pratique »[2]. La difficulté de l'*Idée d'une histoire universelle* tient à ce que deux perspectives, l'une anthropologique, l'autre normative, se croisent dans cet écrit, sans que Kant dispose alors des moyens théoriques permettant de rendre compte de ce croisement. Ces moyens seront définis dans le texte de 1788 sur l'usage des principes téléologiques et systématiquement testés dans la *Critique de la faculté de juger*. Mais dès l'instant où on juge légitime d'examiner l'histoire du point de vue d'une « pure téléologie pratique, c'est-à-dire [d'] une morale »[3], « on est déjà sorti de la science de la nature »[4] pour entrer de plain-pied dans le champ de la métaphysique, qui est avant tout, j'espère l'avoir montré, celui de la *raison normative*. Et ce champ est distinct de celui de l'anthropologie, même si cette dernière est coordonnée aux principes métaphysico-rationnels qu'elle vérifie et applique.

---

1. Kant, *Idee*, *AA* VIII, p. 30 ; *Idée*, dans *Opuscules*, p. 87-88.
2. Kant, *Über den Gebrauch*, *AA* VIII, p. 159 ; *Sur l'emploi*, dans *Opuscules*, p. 165.
3. Kant, *Über den Gebrauch*, *AA* VIII, p. 182-183 ; *Sur l'emploi*, dans *Opuscules*, p. 198.
4. Kant, *Über den Gebrauch*, *AA* VIII, p. 179 ; *Sur l'emploi*, dans *Opuscules*, p. 193.

Consacrée à la question : « l'espèce humaine est-elle en constant progrès vers le mieux ? », la deuxième section du *Conflit des Facultés*, qui développe la thématique de « l'histoire prophétique de l'humanité », est l'illustration de cette ordination de l'examen philosophique de l'histoire humaine à une perspective rationnelle-normative : ici, il n'est plus question de l'histoire naturelle des races humaines, mais bien de « l'histoire *morale* » de l'humanité[1]. On abandonne alors le terrain de l'anthropologie pour celui de la morale, et plus précisément du droit. Qu'est-ce en effet que cette narration prophétique ou prospective de l'histoire ? Elle consiste, en adoptant le style de la prophétie auto-réalisatrice, à penser ce qui est – les événements de l'histoire humaine, en particulier les plus notables d'entre eux – à partir de ce que la raison normative pose comme devant être la « fin ultime » (*Endzweck*) de la création[2] ; et celle-ci n'est autre que « l'idée d'une constitution s'accordant avec le droit naturel des hommes », ou encore la *respublica noumenon*, autrement dit ce que l'*Idée d'une histoire universelle* nommait la « constitution civile parfaite »[3]. L'idée de progrès, notaient déjà les *Conjectures*, n'est pas susceptible d'une vérification empirique : elle résulte au contraire du choix de considérer l'histoire

1. Kant, *Der Streit der Fakultäten*, AA VII, p. 79 ; *Le conflit des Facultés*, dans *OP* 3, p. 888.

2. Kant, *Der Streit der Fakultäten*, AA VII, p. 89 ; *Le conflit des Facultés*, dans *OP* 3, p. 900. Comme on le sait, la *Critique de la faculté de juger* distingue fin dernière (*letzter Zweck*) et fin ultime (*Endzweck*) : voir *KU*, § 82, AA VI, p. 426 ; *CJ*, p. 423. La première notion est ordinale, la seconde est cardinale et téléologique.

3. Kant, *Der Streit der Fakultäten*, AA VII, p. 90-91 ; *Le conflit des Facultés*, dans *OP* 3, p. 902, et *Idee*, AA VIII, p. 24 ; *Idée*, dans *Opuscules*, p. 79. Les *Conjectures* précisent que cette constitution est « le but ultime de la civilisation » (*Mutmaßlicher Anfang*, AA VIII, p. 117 ; *Conjectures*, dans *Opuscules*, p. 155, note).

du point de vue d'une téléologie morale (juridique). Dans une telle perspective, herméneutique et normative,

> le cours des affaires humaines dans leur ensemble ne part pas du Bien pour aller vers le Mal, mais se déroule lentement du pis vers le meilleur, selon un progrès auquel chacun est appelé pour sa part par la nature à contribuer dans la mesure de ses forces[1].

Mais dire que la nature appelle les hommes à œuvrer au progrès historique ne suffit pas; il faut surtout dire que leur raison l'exige d'eux, cette «raison inexorable qui [les] pousse irrésistiblement à développer les capacités situées en [eux]»[2]. C'est donc essentiellement la partialité pour la raison, comme dirait Habermas, autrement dit un choix normatif, qui fonde la croyance rationnelle au progrès. Si l'histoire est le théâtre d'un progrès, s'il y a lieu, à l'encontre de la vision «terroriste» et de la vision «abdéritiste», de privilégier malgré les dangers qu'elle comporte une vision «eudémoniste» de l'histoire et d'adhérer ainsi à une sorte de millénarisme philosophique[3], c'est que nous *devons* adopter une telle perspective, sauf précisément à réduire l'histoire de la liberté à l'histoire de la nature – à une histoire qui n'en est pas une.

Comme on le sait, la principale innovation du texte de 1798 consiste à soutenir que, bien que la question du progrès soit empiriquement indécidable, il est pourtant possible de la

---

1. Kant, *Mutmaßlicher Anfang*, *AA* VIII, p. 123; *Conjectures*, dans *Opuscules*, p. 164.

2. Kant, *Mutmaßlicher Anfang*, *AA* VIII, p. 115; *Conjectures*, dans *Opuscules*, p. 153.

3. Kant, *Der Streit der Fakultäten*, *AA* VII, p. 81-82; *Le conflit des Facultés*, dans *OP* 3, p. 889-892. L'*Idée* notait déjà que «la philosophie pourrait bien avoir elle aussi son millénarisme», mais que pour autant «ce n'est nullement une rêverie de visionnaire» que de croire à un progrès indéfini (*Idee*, *AA* VIII, p. 27; *Idée*, dans *Opuscules*, p. 83).

« rattacher à quelque expérience », en l'occurrence à celle d'un
« événement » qui « indique une manière d'être et une capacité
de cette espèce [humaine] à être cause de son avancée vers
le mieux et [...] à en être l'auteur »[1]. Et cet « événement de
notre temps qui *démontre* cette tendance morale de l'espèce
humaine » est à ses yeux, comme chacun le sait, la Révolution
française, ou plus exactement – la nuance est importante – la
« prise de parti confinant à l'enthousiasme » qu'elle a suscité
non pas tant chez ses acteurs (c'était la moindre des choses),
mais de la part de ses spectateurs, les peuples voisins, étant
entendu que « le véritable enthousiasme ne porte toujours que
sur l'*idéal*, à savoir sur ce qui est purement moral, comme le
concept du droit »[2]. Je ne vais m'attarder pas sur ce passage
célèbre, tant de fois commenté. J'en retiens simplement, car
c'est très significatif de la manière dont Kant conçoit l'histoire,
que l'enthousiasme pour le droit (donc en fin de compte pour
« la constitution républicaine, du moins selon son idée »),
tel qu'il se manifeste chez le spectateur intéressé, car animé
d'une partialité normative pour la raison, est interprété comme
l'*indice* de la consistance de l'idée purement rationnelle de
progrès historique : s'il y *a* progrès, c'est parce que l'on *doit* y
croire. C'est bien, par conséquent, une « pure téléologie pratique »[3] qui commande l'examen philosophique de l'histoire,
bien que celui-ci doive toujours s'appuyer sur les *data* anthropologiques qui attestent la plausibilité de ses conclusions.

1. Kant, *Der Streit der Fakultäten*, *AA* VII, p. 84 ; *Le conflit des Facultés*,
dans *OP* 3, p. 893.

2. Kant, *Der Streit der Fakultäten*, *AA* VII, p. 85-86 ; *Le conflit des
Facultés*, dans *OP* 3, p. 894-896.

3. Kant, *Über den Gebrauch*, *AA* VIII, p. 182 ; *Sur l'emploi*, dans
Opuscules, p. 198.

Pour conclure

Y a-t-il quelque chose comme une philosophie kantienne de l'histoire ? Tout dépend de ce que l'on entend par « philosophie » et par « philosophie de l'histoire ». Si par philosophie on entend la philosophie *pure*, en d'autres termes la métaphysique (et celle-ci ne comporte que deux domaines : celui de la nature et celui de la liberté), alors les considérations sur l'histoire n'en font pas partie ; elles doivent plutôt être indexées à l'anthropologie, dont l'objet se situe précisément à la jointure de la nature et de l'histoire. Mais si on admet l'existence d'une philosophie *appliquée*, dont l'anthropologie est le noyau dur, alors un examen philosophique de l'histoire a un sens et une valeur, même s'il ne constitue pas à proprement parler une « philosophie de l'histoire » au sens emphatique que ce terme va revêtir après Kant. Et cet examen, les différents écrits que Kant a consacrés à l'histoire le montrent, peut être développé dans deux directions, selon qu'on privilégie les considérations anthropologiques (on va alors dans la direction d'une « histoire de la nature », qui toutefois ne relève pas exactement de l'histoire naturelle au sens consacré de l'expression) ou les considérations normatives (et on travaille alors à une « histoire de la liberté » qui, sur un mode contre-factuel, cherche à repérer dans l'histoire empirique les indices d'une téléologie rationnelle). Que cette dernière perspective soit celle que le métaphysicien Kant privilégie n'interdit pas de penser que le *Weltbürger* qu'il entend être aussi accorde un grand prix à la « connaissance de l'homme », dont relève de plein droit l'histoire « naturelle » de l'humanité.

CONSIDÉRATIONS FINALES
MÉDITATIONS HÉGÉLIENNES NAISSANTES

> *Ne serait-il pas plus avisé de s'en tenir, en*
> *matière morale, au jugement commun de la*
> *raison ?*[1].

Le propos de ce livre était de reconstruire la théorie kantienne de la rationalité normative et d'en explorer les ramifications. Pour ce faire, il convenait d'abord d'examiner le concept, ou plutôt les concepts kantiens de la liberté, en conférant tout son poids à l'assertion suivant laquelle ce concept est « la clef de voûte de l'édifice entier d'un système de la raison pure »[2]. Or cet examen permet d'établir que la conception kantienne de la liberté, et plus précisément des rapports entre liberté, volonté et rationalité, connaît une évolution significative entre la *Grundlegung* de 1785, texte fondateur de la philosophie pratique définitive de Kant, et la *Métaphysique des Mœurs*. En gros, Kant passe de la position selon laquelle la volonté, alors identifiée avec l'arbitre, c'est-à-dire avec un pouvoir de choix entre des possibles donnés, est libre dès lors qu'elle peut conférer à ses maximes la forme de l'universalité

---

1. Kant, *Grundlegung*, *AA* IV, p. 404 ; *Fondation*, *MM* 1, p. 75.
2. Kant, *KpV*, *AA* V, p. 3 ; *CRprat*, p. 90.

rationnelle, à celle selon laquelle la volonté n'est pas autre chose que l'activité même par laquelle la raison détermine la sélection par l'arbitre de ses maximes ; en ce sens, cet arbitre peut, et lui seul, être dit libre, en l'occurrence « lorsqu'il est déterminé par la raison pure »[1]. La volonté pour sa part, de laquelle « procèdent les lois », « ne peut être dite ni libre, ni non libre »[2] ; elle est par le truchement de son activité légiférante « le principe qui détermine l'arbitre à l'action », ce en quoi elle s'avère coïncider purement et simplement avec la raison pratique. Celle-ci s'identifie à la fonction normative qu'elle a (en tant que « volonté ») vis-à-vis de l'arbitre, elle est toute entière raison normative. Bien entendu, il existe aussi une fonction théorique (spéculative) de la raison, mais elle consiste exclusivement, comme l'a établi la *Critique de la raison pure*, à opérer une « régulation » de l'activité de l'entendement, qui est le seul véritable pouvoir de connaître ; là aussi, la raison exerce donc une activité normative, bien qu'elle soit d'une autre espèce que dans le domaine pratique. Autrement dit, tout l'effort de Kant aura été d'établir que la seule tâche de la raison *pure* est de fournir un encadrement normatif à l'activité du pouvoir de connaître (l'entendement) et à celle du pouvoir d'agir librement (l'arbitre) ; elle le fait dans un cas en tant que raison cognitive-théorique, dans l'autre en tant que raison normative-pratique, étant entendu que c'est une seule et même raison, une seule et même capacité normative, qui est dans les deux cas mise en œuvre.

Si l'on s'en tient, comme je l'ai fait pour l'essentiel dans ce livre, au domaine pratique, donc au champ que couvre la méta-

---

1. Kant, *MdS*, Einleitung, *AA* VI, p. 213 ; *Mœurs*, Introduction, *MM* 1, p. 162.

2. Kant, *MdS*, Einleitung, *AA* VI, p. 226 ; *Mœurs*, Introduction, *MM* 1, p. 178.

physique des mœurs, on peut également constater une évolution notable des conceptions de Kant et, par conséquent, de la
théorie de la normativité qu'elles impliquent, en dépit de la
persistance d'un vocabulaire pouvant faire croire à la continuité du propos, par exemple avec la distinction entre légalité
et moralité (qui ne doit pas être confondue avec celle du droit et
de l'éthique, au moins chez le dernier Kant). Alors que dans la
Fondation de la métaphysique des mœurs, et sans doute encore
dans la *Critique de la raison pratique*, on pouvait considérer
que le champ de la raison normative (celui qui donne effectivement lieu à des normes répondant au test d'apodicticité
qu'est l'impératif catégorique) se restreignait à celui de l'éthique, ce qui justifiait la formule de la *Grundlegung* évoquant
« l'impératif catégorique *de l'éthique (Sittlichkeit)* »[1], la *Métaphysique des Mœurs* confère au droit une dignité égale à celle
de l'éthique ; il peut donc y avoir une « métaphysique du droit »
comme il y a une « métaphysique de la vertu », ce qui veut dire
que le droit dispose lui aussi de principes purement rationnels,
distincts de mais nullement inférieurs à ceux de l'éthique. Bref,
comme le troisième chapitre a tenté de le montrer, il y a bien,
parallèlement à celui de l'éthique, un impératif catégorique
juridique, correspondant à ce que Kant dénomme le « principe
universel du droit »[2]. Certes, la structure de la normativité
juridique présente des différences avec celle de la normativité
éthique, puisque l'éthique ne détermine que des obligations
(plus précisément des « fins qui sont des obligations »[3]), alors
que le droit, notamment grâce au rôle qu'y joue la « loi

1. Kant, *Grundlegung, AA* IV, p. 416 ; *Fondation, MM* 1, p. 91.

2. Kant, *MdS, Rechtslehre*, Einleitung, § C, *AA* VI, p. 230- 231 ; *Mœurs,
Droit*, Introduction, *MM* 2, p. 17-18.

3. Voir Kant, *MdS, Tugendlehre*, Einleitung, *AA* VI, p. 382-383 ; *Mœurs,
Vertu*, Introduction, *MM* 2, p. 221-223.

permissive », définit des obligations *et des droits*. Mais il importe de souligner, en dépit de cette déclinaison différenciée, l'unité du champ de la rationalité normative et l'identité de ses opérations, illustrée par l'unicité de l'impératif catégorique : il y a bien *une* métaphysique des mœurs ou *une* morale, au sens générique qu'a ce mot à partir de l'essai sur la paix perpétuelle, lorsque Kant distingue expressément « la morale en tant qu'éthique » et « la morale en tant que doctrine du droit »[1].

Dire qu'il y a une métaphysique des mœurs, comme il y a une métaphysique de la nature, c'est affirmer l'existence d'une activité normative autonome de la raison, indépendamment de tout élément d'empiricité. Il ne faut jamais oublier la signification radicale que confère Kant, qui a constamment prétendu être son refondateur, à la métaphysique : elle est la « préoccupation exclusive de la raison pour elle-même »[2] ; ce qui veut dire que « toute vraie métaphysique est tirée de l'essence même de la faculté de penser »[3]. Mais définir ainsi la métaphysique, et affirmer la possibilité qu'avec elle la raison exerce son travail normatif indépendamment des *data* de l'expérience, au demeurant fort précieux aussi bien pour la connaissance de la nature que pour celle des hommes, suppose que son champ soit circonscrit avec précision. Il faut être en mesure de savoir ce qui peut être objet de la philosophie pure, et ce qui ne le peut pas ou ne le peut que sous condition. C'est la raison pour laquelle le chapitre quatre, prenant pour fil conducteur les quatre fameuses questions auxquelles doit

---

1. Kant, *Frieden, AA* VIII, p. 386 ; *Paix*, p. 167.

2. Kant, *Prolegomena*, § 40, *AA* IV, p. 327 ; *Prolégomènes*, dans *OP* 2, p. 105.

3. Kant, *Metaphysische Anfangsgründe*, *AA* IV, p. 472 ; *Premiers principes*, dans *OP* 2, p. 370.

selon Kant répondre la philosophie *in sensu cosmopolitico*[1], a d'abord analysé les rapports entre la métaphysique et l'anthropologie ; celle-ci, quelle que soit sa définition, est extérieure à la philosophie pure et ne peut donc avoir de fonction normative. Puis, se démarquant de certaines idées reçues, il a abordé la question de la philosophie de l'histoire, pour montrer les limites étroites dans lesquelles on peut parler de quelque chose de tel dans le contexte de la pensée kantienne. Il y a sans doute un propos philosophique de Kant sur l'histoire, qui relève de la philosophie appliquée, mais il n'y a pas à proprement parler de philosophie (c'est-à-dire de métaphysique) kantienne de l'histoire.

Mais en quoi consiste cette activité normative de la raison pure dont la métaphysique (une métaphysique bien peu métaphysique au sens classique, « dogmatique », du terme) est l'exercice ? Le deuxième chapitre a cherché à établir que la « loi fondamentale de la raison pratique », qui pour des êtres finis prend la forme d'un impératif catégorique (lequel bien évidemment ne peut être qu'unique, même s'il est possible d'en fournir diverses formulations[2]), peut être conçue comme une règle de reconnaissance destinée à évaluer, et le cas échéant à valider, les « maximes » de la volonté, ou plus exactement de l'arbitre ; son « formalisme », qui a été si souvent reproché à Kant, tient à ce qu'elle n'est rien d'autre qu'un test (dont l'utilisation effective n'est pas sans poser problème, au demeurant) de la validité de propositions normatives candidates qu'il faut considérer comme données. Mais données comment ? Sur ce point, la réponse de Kant, bien qu'assez peu explicite, est très intéressante et ouvre des voies à première

---

1. Voir Kant, *Vorlesungen über die Metaphysik*, p. 5 ; *Leçons de métaphysique*, p. 119-120, et *Logik*, *AA* IX, p. 25 *sq.* ; *Logique*, p. 25.

2. Voir Kant, *Grundlegung*, *AA* IV, p. 421 ; *Fondation*, *MM* 1, p. 97.

vue assez peu « kantiennes » au sens généralement attribué
à ce qualificatif : la source des maximes d'action qui doivent
subir l'épreuve du « principe U » (du test de l'universalisabilité) est, nous dit-il, « la raison commune » ou « l'entendement commun », bref ce que l'on peut nommer en usant d'un
autre vocabulaire la *raison publique*[1]. Cette raison publique
est pour une part institutionnalisée (par exemple lorsqu'elle
s'incarne dans les actes du législateur), pour une part infor-
melle, lorsqu'elle s'exprime dans les valeurs, les usages, les
croyances partagées dont ce qu'on nomme l'opinion publique
se fait l'écho, bref à travers un *ethos* qui, selon une formule de
la *Phénoménologie de l'Esprit*, est le « langage universel »
dans lequel s'exprime la « substance universelle » qu'est la
raison prenant conscience de soi ; c'est sur cet *ethos* partagé
que se fondent, explique Hegel, les processus de reconnaissance sans lesquels il n'est pas de « peuple libre », et dont la
formule : « Eux en tant que moi, moi en tant qu'eux »[2], énonce
le *telos*.

En suivant, pour expliquer ce qu'est la « raison
commune », cette piste hégélienne, nous éloignons-nous
de Kant ? Je ne le crois pas ; je considère qu'il est possible et
fécond de comprendre la « raison commune » de Kant comme
l'esquisse d'une théorie de la *Sittlichkeit* – au sens hégélien, et
non plus au sens kantien du terme. Car qu'est-ce que la raison
publique, sinon (au moins potentiellement, car ses propositions ont encore à réussir l'épreuve de leur validation par la
raison normative) « le *concept de la liberté devenu monde
présent-là et nature de la conscience de soi* »[3], c'est-à-dire ce

1. Voir *supra*, p. 71.

2. Hegel, *Phänomenologie des Geistes*, *Werke* 3, p. 264-265 ; *Phénoménologie de l'Esprit*, trad. B. Bourgeois, Paris, Vrin, 2006, p. 323-324.

3. Hegel, *Grundlinien*, § 142, *Werke* 7, p. 292 ; *PPD*, p. 314.

que Hegel nommera *Sittlichkeit* en un sens dont il revendique *contre Kant* la paternité[1] ? Il se pourrait (c'est en tout cas une hypothèse qui mérite d'être explorée) que la théorie kantienne de la rationalité normative anticipe à certains égards l'idée hégélienne d'une rationalité objective, inscrite dans les pratiques sociales et les représentations collectives, de même que la théorie hégélienne de la normativité se développe dans une direction où Kant l'a à bien des égards précédé[2]. Si cette tentative de réconciliation n'est pas incongrue, alors les « *méditations hégéliennes* naissantes » qu'elle suggère (l'expression est empruntée à Sellars[3]) peuvent être fécondes non seulement pour l'interprétation de Kant, mais aussi pour une réflexion systématique sur ce qu'est la normativité. En ce qui concerne Kant lui-même, ma suggestion conduit à réviser l'idée selon laquelle la raison kantienne serait « monologique » et devrait être purgée de ses prémisses idéalistes, comme le soutiennent Habermas et Apel[4]. Je n'irai pas jusqu'à dire que Kant développe une conception communicationnelle de la raison. Mais le rôle qu'il confère à la « raison publique » et l'importance qu'il accorde à une conception de la philosophie ordonnée au point de vue du « citoyen du monde » (sans pour autant cesser d'être systématique) montrent que, comme Hegel après lui et

---

1. Hegel, *Grundlinien*, § 33 Anm., *Werke* 7, p. 292 ; *PPD*, p. 180.

2. Voir sur ce point J.-F. Kervégan, *L'effectif et le rationnel. Hegel et l'esprit objectif*, Paris, Vrin, 2007, p. 315 *sq.*

3. W. Sellars, *Empiricism and the Philosophy of Mind*, Boston, Harvard University Press, 1997, p. 45 (*Empirisme et philosophie de l'esprit*, Paris, Éditions de l'éclat, 1992, p. 48).

4. Voir par exemple : K.-O. Apel, *Discussion et responsabilité*, t. I, *op.cit.*, et « L'a priori de la communauté communicationnelle et les fondements de l'éthique », dans *Transformation de la philosophie*, t. II, Paris, Cerf, 2010, p. 529 *sq.* ; J. Habermas, *Morale et communication*, *op.cit.*, *De l'éthique de la discussion*, *op.cit.*, et *Vérité et justification*, *op.cit.*

plus décidément que lui, il n'est nullement inattentif à ce qu'on a heureusement nommé la « socialité de la raison »[1].

Arrivé à ce point, on ne peut esquiver la question déclinée, de façon fort diverse au demeurant, par bien des philosophes contemporains, analytiques aussi bien que continentaux : avons-nous vraiment besoin de cette massive métaphysique de la raison que nous a légué Kant, héritage rendu encore plus encombrant par ce qu'en ont fait ses curateurs immédiats, les différents représentants de l'idéalisme allemand ? Pour nous en tenir au champ de la philosophie normative, puisque c'est d'elle qu'il s'agissait ici, avons-nous vraiment besoin de *la raison* pour déterminer et évaluer *les raisons* de l'agir individuel et social[2] ? Ne faut-il pas mieux nous fier, à la suite d'Aristote, aux vertus prudentielles, au sens du *kairos*, et faire la part de la « fortune morale »[3] ? Ne faut-il pas également « critiquer » et « déconstruire » les prétentions de cette rationalité trop sûre d'elle-même dans son effort de se soumettre à la critique – une critique mise en musique par elle seule ? Ne participe-t-elle pas d'une entreprise d'arraisonnement dont la contrepartie est l'oubli de la question de l'être ? Toutes ces interrogations, toutes ces mises en question doivent être entendues, et il faut s'efforcer d'y répondre d'une manière

1. T. Pinkard, *Hegel's Phenomenology. The Sociality of Reason*, Cambridge University Press, 1996.

2. Voir J. Elster, *Raison et raisons*, Paris, Collège de France / Fayard, 2006. Dans une optique certes différente, Davidson souligne qu'il n'est pas nécessaire de mobiliser « la Raison » pour rendre compte des paradoxes de l'irrationalité (par ex. dans le cas de l'*akrasia*) : voir *Paradoxes de l'irrationalité*, Paris, Éditions de l'éclat, 1991, p. 37. Mais il se rapproche de Kant (tel que je le comprends) et de Hegel, ce qui est plus surprenant, en soutenant que « la rationalité est un trait social » (*op.cit.*, p. 75).

3. Voir B. Williams, « La fortune morale », dans *La fortune morale*, Paris, P.U.F., 1994, p. 253 *sq.* ; *L'éthique et les limites de la philosophie*, Paris, Gallimard, 1990.

convaincante. Mais faut-il pour autant abandonner le programme rationaliste exemplairement formulé par Kant et ses rejetons ? Pour ma part – mais il faudrait tout un livre pour tenter de justifier cette croyance – je ne le crois pas : seule la raison, autrement dit la capacité partagée de l'universel, peut fournir les raisons fortes que requiert l'agir, tant sur le plan éthique que sur le plan juridique. A l'encontre d'une conviction répandue, je ne crois pas que nous puissions nous satisfaire d'un *pensiero debole*, sauf à renoncer à penser (et à critiquer) ce que nous faisons.

REPÈRES BIBLIOGRAPHIQUES [1]

ŒUVRES COMPLÈTES EN ALLEMAND ET ABRÉVIATIONS

Akademie Textausgabe. Reproduction photomécanique de l'édition des Œuvres complètes de Kant par l'Académie prussienne des Sciences, Berlin, De Gruyter, 1968-1977.
Il existe une édition en CD-Rom : *Kant im Kontext* I, II, III ; également disponible sur Internet :
http://www.korpora.org/kant/verzeichnisse-gesamt.html

TEXTES DE KANT EN LANGUE ALLEMANDE UTILISÉS ET ABRÉVIATIONS

Anthropologie in pragmatischer Hinsicht [cité *Anthropologie*], *AA* VII.
Beantwortung der Frage : Was ist Aufklärung ? [cité *Aufklärung*], *AA* VIII.
Beobachtungen über das Gefühl des Schönen und des Erhabenen, *AA* II.
Bestimmung des Begriffs einer Menschenrasse, *AA* VIII.

---

1. Cette liste comporte seulement les textes de Kant cités dans le livre. S'agissant des traductions, je renvoie à celles qui me paraissent les plus fiables ; mais je ne me suis pas interdit de les modifier.

Das Ende aller Dinge, *AA* VIII.

Der Streit der Fakultäten, *AA* VII.

Die Religion innerhalb der Grenzen der blossen Vernunft [cité *Religion*], *AA* VI.

Erste Einleitung in die Kritik der Urteilskraft [cité *Erste Einleitung*], *AA* XX.

Grundlegung zur Metaphysik der Sitten [cité *Grundlegung*], *AA* IV.

Idee zu einer allgemeinen Geschichte in weltbürgerlicher Absicht [cité *Idee*], *AA* VIII.

Kritik der praktischen Vernunft [cité *KpV*], *AA* V.

Kritik der reinen Vernunft [cité *KrV*], *AA* III.

Kritik der Urteilskraft [cité *KU*], *AA* V.

Logik, *AA* IX.

Metaphysik der Sitten [cité *MdS*], *AA* VI.

   MdS, 1. Teil, *Metaphysische Anfangsgründe der Rechtslehre* [cité *Rechtslehre*], *AA* VI.

MdS, 2. Teil, *Metaphysische Anfangsgründe der Tugendlehre* [cité *Tugendlehre*], *AA* VI.

Metaphysik der Sitten, éd. Ludwig, Hambourg, Meiner :

   Metaphysische Anfangsgründe der Rechtslehre, 1986.

   Metaphysische Anfangsgründe der Tugendlehre, 1990.

Metaphysische Anfangsgründe der Naturwissenschaft [cité *Metaphysische Anfangsgründe*], *AA* IV.

Mutmaßlicher Anfang der Menschengeschichte [cité *Mutmaßlicher Anfang*], *AA* VIII.

Opus postumum, *AA* XXI-XXIII.

Physische Geographie, *AA* IX.

Prolegomena zu einer jeden künftigen Metaphysik, die als Wissenschaft wird auftreten können [cité *Prolegomena*], *AA* IV.

Rezensionen zu J.G. Herders ‚Ideen zur Philosophie der Geschichte der Menschheit' [cité *Rezensionen zu Herder*], *AA* VIII.

Träume eines Geistessehers, *AA* II.

Über den Gebrauch teleologischer Prinzipien in der Philosophie [cité *Über den Gebrauch*], *AA* VIII.

Über den Gemeinspruch : Das mag in der Theorie richtig sein, taugt aber nicht für die Praxis [cité *Gemeinspruch*], *AA* VIII.

Über ein vermeintes Recht, aus Menschenliebe zu lügen [cité *Über ein vermeintes Recht*], *AA* VIII.

Versuch über die Krankheiten des Kopfes, *AA* II.

Von den verschiedenen Rassen der Menschen, *AA* II.

Vorlesungen über die Metaphysik („Metaphysik Pölitz'), *AA* XXVIII, 2, 2.

Was heißt : Sich im Denken orientieren ?, *AA* VIII.

Welche sind die wirklichen Fortschritte, die die Metaphysik seit Leibnizens und Wolff's Zeiten in Deutschland gemacht hat ?, *AA* XX.

Zum ewigen Frieden [cité *Frieden*], *AA* VIII.

PRINCIPALES TRADUCTIONS FRANÇAISES UTILISÉES ET ABRÉVIATIONS

Anthropologie du point de vue pragmatique [cité *Anthropologie* fr], Introduction et trad. M. Foucault, Paris, Vrin, 2008.

Compte-rendu de l'ouvrage de Herder : "Idées en vue d'une philosophie de l'histoire de l'humanité" [cité *Compte-rendu de Herder*], trad. S. Piobetta, dans *Opuscules*, p. 91-122.

Conjectures sur les débuts de l'histoire humaine [cité *Conjectures*], trad. Piobetta, dans *Opuscules*, p. 145-164.

Critique de la faculté de juger [cité *CJ*], trad. A. Renaut, Paris, GF-Flammarion, 1995.

Critique de la raison pratique [cité *CRprat.*], trad. J.-P. Fussler, Paris, GF-Flammarion, 2003.

Critique de la raison pure [cité *CRp*], trad. A. Renaut, Paris, GF-Flammarion, 2006.

Définition du concept de race humaine, trad. S. Piobetta, dans *Opuscules*, p. 123-144.

Des différentes races humaines, trad. S. Piobetta, dans *Opuscules*, p. 47-67.

Ecrits sur le corps et l'esprit, trad. G. Chamayou, Paris, GF-Flammarion, 2007.

Essai sur les maladies de la tête, dans *Ecrits sur le corps et l'esprit*,
p. 111-126.

Fondation de la métaphysique des mœurs [cité *Fondation*], trad.
A. Renaut, dans *Métaphysique des Mœurs*, t. 1 [cité *MM* 1],
Paris, GF-Flammarion, 1994.

Géographie, trad. M. Cohen-Halimi, M. Marcuzzi, V. Seroussi, Paris,
Aubier, 1999.

Idée d'une histoire universelle au point de vue cosmopolitique [cité
Idée], trad. S. Piobetta, dans *Opuscules*, p. 69-89.

La fin de toutes choses, trad. H. Wismann, dans *OP* 3, p. 309-325.

La religion dans les limites de la simple raison [cité *Religion* fr],
trad. Naar, Vrin, 2000.

Leçons de métaphysique, trad. M. Castillo, Paris, LGF, 1993.

Le conflit des Facultés en trois sections, trad. A. Renaut, dans *OP* 3,
p. 805-930.

Logique, trad. L. Guillermit, Paris, Vrin, 1970.

Métaphysique des Mœurs [cité *Mœurs*], trad. A. Renaut, dans
Métaphysique des Mœurs, t. 1 et 2 [cité *MM* 1 et *MM* 2], Paris,
GF-Flammarion, 1994.

    1 : *Premiers principes métaphysiques de la doctrine du Droit*
      [cité *Droit*].

    2 : *Premiers principes métaphysiques de la doctrine de la Vertu*
      [cité *Vertu*].

Observations sur le sentiment du beau et du sublime, trad. R. Kempf,
Paris, Vrin, 1969.

Œuvres philosophiques [cité *OP*], 3 volumes, Gallimard, 1980-1986.

Opuscules sur l'histoire [cité *Opuscules*], trad. S. Piobetta, Paris,
GF-Flammarion, 1990.

Opus postumum, trad. F. Marty, Paris, P.U.F., 1986.

Première Introduction à la Critique de la faculté de juger [cité
Première Introduction], trad. L. Guillermit, Paris, Vrin, 1968.

Premiers principes métaphysiques de la science de la nature [cité
Premiers principes], trad. F. De Gandt, dans *OP* 2, p. 363-493.

*Prolégomènes à toute métaphysique future qui pourra se présenter
comme science* [cité *Prolégomènes*], trad. J. Rivelaygue, dans
OP 2, p. 17-172.

Qu'est-ce que s'orienter dans la pensée ?, trad. A. Philonenko, Paris, Vrin, 1972.

Quels sont les progrès de la métaphysique en Allemagne depuis le temps de Leibniz et de Wolff ?, trad. J. Rivelaygue, dans *OP 3*, p. 1213-1291.

Réponse à la question : Qu'est-ce que les Lumières ?, trad. H. Wismann, dans *OP 2*, pp. 209-217.

Rêves d'un visionnaire, trad. F. Courtès, Paris, Vrin, 2013.

Sur l'emploi des principes téléologiques en philosophie [cité *Sur l'emploi*], trad. S. Piobetta, dans *Opuscules*, p. 165-201.

Sur l'expression courante : "Il se peut que ce soit juste en théorie, mais en pratique cela ne vaut rien" [cité *Théorie et pratique*], trad. L. Guillermit, Paris, Vrin, 1972.

Sur un prétendu droit de mentir par humanité [cité *Droit de mentir*], trad. L. Guillermit, Paris, Vrin, 2013 (avec *Théorie et pratique*).

Vers la paix perpétuelle [cité *Paix*], trad. J. Darbellay, Paris, P.U.F., 1974.

TABLE DES MATIÈRES

Imprimé en France par CPI Firmin Didot (126861)
en février 2015
Dépôt légal : février 2015